La
Segunda Venida
de CRISTO

La
Segunda Venida
de CRISTO

Aliento para que velemos y estemos
preparados para el regreso de nuestro Señor

Dwight L. Moody • Harriet B. Stowe
J. C. Ryle • George Müller • D. W. Whittle
George C. Needham • Charles H. Spurgeon

Nos encanta escuchar a nuestros lectores.
Comuníquese con nosotros al sitio web:
www.anekopress.com/questions-comments
si tiene preguntas, comentarios, o sugerencias.

La Segunda Venida de Cristo
© 2023 de Aneko Press
Todos los derechos reservados. Primera edición (en Inglés) 1923.
Edición revisada y traducida copyright © 2023.

A menos que se indique lo contrario las citas bíblicas de las
Escrituras están tomadas de La Nueva Biblia de las Américas
de The Lockman Foundation. (La Habra, CA: Casa Editorial
sin fines de lucro. 2005). Todos los derechos reservados.
Usado con permiso de Life Sentence Publishing, Inc.
Abbotsford, Wisconsin. Todos los derechos reservados.

Diseño de portada: J. Martin
Traducido al español por Karin Förster Handley

Aneko Press
www.anekopress.com
Aneko Press, Life Sentence Publishing, y nuestros
logos son una marca registrada de
Life Sentence Publishing, Inc.
203 E. Birch Street
P.O. Box 652
Abbotsford, WI 54405

RELIGION / Christian Theology / Eschatology
Paperback ISBN: 979-8-88936-244-9
eBook ISBN: 979-8-88936-245-6
10   9   8   7   6   5   4   3   2   1
Disponible donde se venden libros.

Contenidos

Prefacio

El tema que se trata en este libro es causa de controversia en cuanto a los detalles. Pero como afirmó un anciano predicador, aunque nuestros relojes no concuerden respecto del momento exacto en que regresará nuestro Señor, la mayoría de los cristianos sí concuerdan en que será un hecho real.

Esperamos que el libro pueda guiar al lector hacia la plenitud de la verdad, en la medida en que el estudio acompañe su lectura en oración.

Capítulo 1

"Él vendrá mañana"

Por Harriet Beecher Stowe

*La noche está muy avanzada, y el día
está cerca* (Romanos 13:12).

M i alma vibró por un momento como si fuese
un arpa. ¿Es verdad? La noche, la larga noche
de angustiante agonía y ciego deseo del mundo ¿ya casi
acaba? ¿Y está cerca el día?

También: *"Entonces verán al Hijo del Hombre que
viene en una nube con poder y gran gloria. Cuando estas
cosas empiecen a suceder, levántense y alcen la cabeza,
porque se acerca su redención"* (Lucas 21:27-28).

¡Viene Él! El Hijo del Hombre ¿de veras vendrá de
nuevo a este mundo con poder y gran gloria?

¿De veras sucederá? ¿Lo verá esta tierra sólida, común y corriente? ¿Resplandecerán estos cielos con luz brillante? ¿Y los rostros que miren hacia arriba en esta ciudad, Le verán venir?

Así predicaba nuestro ministro durante un solemne sermón; y mientras lo oía, por momentos sentía el cosquilleo de ansiar esa realidad. Pero luego, cuando la gente bien vestida avanzaba por el pasillo para salir de la iglesia, mi vecino el Sr. Stockton me dijo susurros que no olvidara la reunión de los directores del banco el lunes por la noche; la Sra. Goldthwaite le habló a mi esposa al oído, encargándole que recordara la fiesta que daría ella el jueves; y mi esposa me preguntó al salir si había notado la extravagante vestimenta de la Sra. Rennyman.

—Tan absurdo—, me dijo, — cuando sus ingresos, y lo sé, ¡no pueden ser ni la mitad de lo que ingresa en nuestra casa! *Jamás* se me ocurriría hacer que me enviaran ropa desde París. Sería algo moralmente incorrecto en mi opinión.

Le hablé del sermón.

—Sí, — dijo mi mujer, — ¡y qué sermón! Tan solemne. Me extraña que no haya más gente que quiera venir a oír a nuestro pastor. ¿Qué podría ser más potente que sus discursos? Y querido, ya que estamos, no olvides cambiar el anillo de ópalo de Mary por uno de diamantes. ¡Ay! Es que he tenido que pensar en tantos regalos de Navidad que me venían los pensamientos mientras estábamos en la iglesia. ¡Muy mal de mi parte!

— Querida — dije, — a veces siento que toda nuestra vida es irreal. Vamos a la iglesia, y lo que oímos bien puede ser verdad o mentira. Y si es verdad ¡son cosas grandiosas! Por ejemplo, estos sermones de Adviento. Si estamos esperando *esa* venida ¡deberíamos sentirnos y vivir de manera tan diferente! ¿Creemos en realidad lo que oímos en la iglesia? ¿O es un sueño?

— Yo creo, — prosiguió mi esposa en tono serio, y de veras es buena mujer — sí, creo. Pero es como dices tú. ¡Oh, sí! siento que soy muy mundana. ¡Tengo tantas cosas en las que debo pensar!

Y suspiró.

También yo suspiré, porque sabía que era cierto: soy muy mundano. Tras una pausa, continué:

— Supongamos que Cristo en verdad vendrá esta Navidad, y que con autoridad habría que anunciar que Él estará aquí mañana mismo.

Mi mujer respondió:

— Pienso que habría varios que sentirían vergüenza: nuestros grandes hombres, los legisladores, los funcionarios del consejo, todos anticipando que habría una entrevista personal. ¡Imagina la reunión del consejo municipal con los arreglos para la recepción en honor del Señor Jesucristo!

— Tal vez, — dije, — Él rechazaría todos los ofrecimientos de los ricos e importantes. Quizá nuestras bellas iglesias en vano rogarían que Él se hiciera presente. No estaría en palacios.

— Si pensara que nuestro dinero nos separa de Él, — dijo con toda franqueza mi esposa, — lo daría todo, sí, todo con tal de verle aunque más no fuera.

Lo decía desde lo más profundo de su corazón, y por un momento su rostro se veía glorificado.

— Le verás un día, — contesté, — y el dinero que estamos dispuestos a regalar si Él lo dijera no nos separaría de Él.

Esa noche los pensamientos de las horas del día se reflejaron en un sueño.

Parecía estar caminando yo por las calles, consciente de que acababa de declararse algo raro, indefinido, de lo que hablaba todo el mundo con un reprimido aire de misterio en la voz.

Alrededor de mí, silencio, susurros. Había grupos de hombres en las esquinas de la calle, y hablaban en voz baja sobre un algo que era inminente

Oí que uno le decía a otro:

— ¿Es verdad que vendrá? ¿Qué? ¿Mañana?

Y los demás decían:

— Sí, mañana. Él estará aquí el día de Navidad.

Era de noche. Las estrellas brillaban con una luz resplandeciente y helada; las tiendas relucían con su decoración navideña, pero en todas partes se percibía ese sentido de callada expectativa. No notaba movimiento alguno, y las personas se miraban unas a otras como con tristeza, y como diciendo: "¿Te enteraste?".

De repente, mientras caminaba, la forma de un ángel empezó a acompañarme, deslizándose suavemente junto a mí. Su rostro era solemne, sereno y calmo. Sobre su frente había un resplandor pálido y fosforescente, casi temible, más puro que cualquier otra luz que hubiera en la tierra. Era una luz de calidad muy distinta a la de los faroles, y mi celestial acompañante parecía moverse en una esfera propia.

Pero aunque me sentía maravillado, también percibía una especie de amor confiado y dije:

— Dime, ¿es cierto, realmente? ¿Vendrá Cristo en verdad?

— Sí, vendrá — dijo el ángel. — Estará aquí mañana.

— ¡Qué gozo tan grande! — grité.

— ¿Gozo? —replicó el ángel. — Lamentablemente, ¡para muchos en esta ciudad es algo terrible! Ven, acompáñame.

En un momento noté que estaba junto a él en un salón de uno de los principales lugares de la ciudad. Un hombre calvo, robusto y engalanado se hallaba sentado ante una mesa cubierta por papeles, que revisaba una y otra vez con nerviosa ansiedad, mientras murmuraba para sí. En un sofá estaba echada una mujer delicada, de aspecto triste, y entre las manitas delgadas sostenía un libro pequeño. La habitación, por la forma en que estaba decorada, indicaba que eran inmensamente ricos. El oro, la plata, las gemas, el mobiliario traído del extranjero, las pinturas costosas y los objetos más virtuosos — todo lo que el dinero pudiera comprar — se hallaban amontonados en todas partes; sin embargo, no me parecía que el hombre se hubiese enaltecido o refinado por acumular todos esos tesoros. Se le veía nervioso e incómodo. Se secó el sudor de la frente, y habló.

— No sé cómo te sientes tú, mujer. Pero a mí esta noticia no me gusta. No lo entiendo. Porque le pone un freno a todo lo que conozco.

— ¡Oh, John! — contestó la mujer volviendo su pálido y fervoroso rostro hacia él mientras unía las manos como en súplica. — ¿Cómo puedes decir algo así?

Mientras ella hablaba pude ver que por sobre su cabeza iba asomando una luz temible, como la que tendría un ángel sobre la frente.

— Bueno, Mary. Es cierto. Y no me importa decirlo. Yo no quiero encontrarme con…bueno… ¡mejor sería que Él lo postergara para otro momento! ¿Qué es lo que quiere de mí? Estaría dispuesto a dar, bueno, tres millones para fundar un hospital si con eso Él estuviese satisfecho y me permitiera seguir. Sí, daría tres millones con tal de comprar más tiempo.

— ¿No es Él nuestro mejor amigo?

— ¡Mejor amigo! — espetó el hombre con una mirada que era mitad susto y mitad ira. — Mary ¡ni sabes de qué estás hablando! Sabes que siempre detesté esas cosas. No sirven de nada. No las entiendo. De hecho, las detesto.

La mujer lo miró con pena.

— ¿No puedo yo ayudarte a ver?

— No. En verdad no puedes. Ven, mira esto — añadió el hombre señalando los papeles. — ¡Esto representa millones! Esta noche todo esto es mío, y mañana ya solo servirá para tirar a la basura. ¿Y qué me queda entonces? ¿Crees que me causa alegría? Daría la mitad, y daría sí, lo daría todo con tal de que a Él no se le ocurriese venir en los próximos cien años.

La mujer extendió su mano delgada hacia él, pero el hombre la apartó.

— ¿Lo ves? — me dijo el ángel en todo solemne. — Entre él y ella hay un abismo muy grande. Han vivido en la misma casa durante años, ¡con ese abismo que les separa! Ella no logra llegar a él. Él no logra llegar a ella. Mañana ella se elevará hacia Cristo como las gotas de rocío suben hacia el sol. Y él clamará para que le caigan encima rocas y montañas, no porque Cristo lo odia sino porque él odia a Cristo.

La escena volvió a cambiar. Estábamos en un pequeño ático de techo bajo, a la luz de una única bombilla — ¡apenas iluminaba un poco! Había una silla rota, una mesa destartalada, una cama en el rincón en la que unos pequeños se acurrucaban buscando algo de calor. ¡Pobrecitos! Tan helado era el aire que su aliento se congelaba sobre la ropa de cama mientras conversaban con sus vocecitas infantiles.

— Cuando venga mamá nos traerá algo para la cena — decían.

— ¡Tengo tanto frío! — se quejó el que estaba al borde del colchón.

— Ven al medio, entonces, — le dijeron los otros dos, — y te daremos calor. Mamá prometió que encendería un fuego cuando llegara a casa, si ese hombre le pagaba.

— ¡Qué hombre malo! — dijo el niño mayor. — Nunca le paga a mamá si puede evitarlo.

En ese momento se abrió la puerta y entró una mujer flaca y pálida, cargada con paquetes. Los dejó, y se acercó a la cama de sus hijos, juntando las manos en gesto de alegría.

— ¡Qué felicidad! ¡Qué gozo, hijos! ¡Viene Cristo! Estará aquí mañana.

Todos sus polluelos se levantaron, y rodearon con sus bracitos el cuello de la madre. Los niños creyeron, al instante. Sabían del Señor Jesús. Él había sido el único Amigo de su mamá a lo largo de tantos días de frío y hambre. No tenían dudas de que vendría.

— ¡Oh, mamá! ¿Nos llevará con Él? ¡Sí! ¿Verdad que sí?

— Sí, mis pequeñitos — respondió ella en voz quieta, con una sonrisa. — Recogerá en Sus brazos a Sus ovejas, y las abrazará contra Su pecho.

De repente, la escena era otra.

Estábamos de pie en una habitación donde la única presencia era la de una mujer sentada y con la cabeza inclinada, que apoyaba sobre sus manos. Sola, abandonada, vituperada, sentía amargura de espíritu. Las malas lenguas, duras y crueles, habían pronunciado su nombre con afirmaciones viles, y un mundo con pocas consideraciones les había creído. Había habido acusaciones que se repetían, y una multitud que se regocijaba en su iniquidad, con muy pocos que sentían pena por ella. Pensaba que estaba a solas y dijo:

— ¡Júzgame, Oh, Señor! Porque he andado en mi integridad. Y soy como un monstruo para muchos, pero Tú eres mi refugio fuerte.

En un momento más, el ángel la tocó:

— Hermana mía, — dijo, —alégrate. Cristo estará aquí mañana.

La mujer se levantó con las manos unidas en un apretón y los ojos brillantes, y toda su figura se agrandaba mientras parecía mirar hacia los cielos. Extasiada, habló:

— Ven, Señor, y júzgame; porque Tú me conoces por completo. Ven, Hijo del Hombre. En Ti he confiado. No permitas que sea maldecida. Oh… ¡que llegue el trono del juicio de Cristo!

Una vez más, me hallaba en un salón resplandeciente y lleno de lujos. Unas tres o cuatro mujeres hermosas estaban de pie, conversando sobre algo serio. Su apartamento mostraba cantidad de joyas, encajes, sedas, terciopelos y toda clase de cosas elegantes y de moda; pero se veían perturbadas.

— Esto me parece de veras terrorífico — dijo una, reprimiendo un suspiro. — Y lo que me preocupa es que sé muy poco sobre ello.

— Sí, — comentó otra, — ¡y hace que todo se detenga! ¿De qué servirá todo esto mañana?

Había en un rincón del salón una costurera, que habló en ese momento.

— Estaremos con el Señor por siempre.

— Por cierto, no sé lo que podría significar eso — respondió la que había hablado primero, estremeciéndose. — Parece algo que inspira miedo.

— Bueno — acotó otra, — parece tan repentino, cuando nadie jamás soñaba con algo así, cambiarlo todo de pronto, de esta vida a aquella otra.

— Basta con que estemos con Él, — dijo entonces la mujer pobre. — ¡Oh, cómo he anhelado esto!

— El gran abismo — dijo de nuevo el ángel.

Y luego estábamos de pie en los escalones de una iglesia. Se habían reunido unos clérigos: episcopales, metodistas, congregacionalistas, bautistas, presbiterianos, de la vieja escuela y de la nueva también, todos tomados de las manos.

— No tienen importancia ahora todos esos viejos problemas — decían. — Él viene, y va a resolverlo todo. Las ordenaciones y ordenanzas, los sacramentos y los credos, son tan solo el andamiaje del edificio. Son la sombra. ¡La sustancia es Cristo!

Y tomados de las manos volvieron sus rostros en el momento en que la débil luz del amanecer de la mañana de Navidad aumentaba su fuerza. Oí que decían a una voz, con un solo corazón:

— Ven, Señor Jesús. ¡Ven pronto!

Capítulo 2

Escrito está

Por Dwight L. Moody

En 2 Timoteo 3:16 Pablo declara: *Toda Escritura es inspirada por Dios y útil para enseñar, para reprender, para corregir, para instruir en justicia.* Y sin embargo, hay algunos que nos dicen cuando tomamos la profecía, que está muy bien creer pero que de nada sirve que se intente entenderlo; que los hechos del futuro son cosas sobre las que la Iglesia no se pone de acuerdo y que mejor es dejar todo como está y ocuparse solamente de las profecías que ya se han cumplido.

Pero Pablo no habla de ese modo. Dice: *Toda Escritura es útil para enseñar [doctrina].* Si esas personas tuvieran razón, tendría que haber dicho: "Parte de la Escritura es útil; pero como no pueden entender las profecías mejor déjenlas de lado". Si Dios no quería que estudiásemos las profecías no las habría mandado

11

a escribir en la Biblia. Algunas se han cumplido, y Él está cumpliendo el resto de modo que si no las vemos cumplidas en su totalidad en esta vida, las veremos en el mundo por venir. La profecía, se ha dicho, es el molde en el que se fragua la historia. Casi un tercio de la Biblia es profético, y gran parte del resto es del tipo de cosas que habrían de suceder.

En la Palabra de Dios se preanuncian tres grandes venidas. Primero, que vendría Cristo. Eso se cumplió. Segundo, que vendría el Espíritu Santo. Eso se cumplió en Pentecostés y la Iglesia puede dar testimonio de ello por su experiencia de Su gracia salvadora. Y la tercera cosa que se anuncia es el regreso de nuestro Señor del cielo – y para ello se nos dice que estemos vigilantes y esperemos hasta tanto Él venga.

No quiero enseñar nada de manera dogmática por autoridad propia, pero lo que veo es que esta preciosa doctrina – debo llamarla así – del regreso del Señor a esta tierra, se enseña en el Nuevo Testamento con la misma claridad que cualquier otra doctrina que contiene. Si leemos Mateo 26:64, encontraremos que era justamente esto lo que causó Su muerte. Cuando los sumos sacerdotes Le preguntaron quién era Él, y si era el verdadero Mesías, ¿qué respondió Jesús? *"...a ustedes les digo que desde ahora verán al Hijo del Hombre sentado a la diestra del Poder, y viniendo sobre las nubes del cielo".*

Eso bastó. Cuando oyeron eso Le acusaron de ser blasfemo y Le condenaron a muerte, tan solo porque dijo que vendría de nuevo.

Quien hace caso omiso de esto tiene tan solo un evangelio mutilado, porque la Biblia nos enseña no solo sobre la muerte y los sufrimientos de Cristo, sino también sobre Su regreso para reinar en honor y gloria. Se menciona y hace referencia a Su segunda venida más de trescientas veces, y sin embargo, había pasado yo ya quince o dieciséis años en la iglesia antes de oír un sermón sobre esto. Casi no hay iglesia que no se ocupe sobremanera en cuanto al bautismo, pero en todas las epístolas de Pablo creo que el bautismo aparece tal vez trece veces nada más, en tanto que menciona el regreso de nuestro Señor cincuenta veces. Y sin embargo la Iglesia no ha tenido casi nada para decir acerca de ello. Ahora, sí puedo ver una razón para que sean así las cosas.

El diablo no quiere que veamos esta verdad, porque no hay otra cosa que pudiera despertar tanto a la Iglesia. Cuando un hombre se da cuenta de que Jesucristo volverá para recibir en Él a Sus seguidores, este mundo ya no tiene atractivo para ese hombre. Las acciones de la Bolsa, de compañías de gas, de agua, de bancos, de ferrocarriles, ya le resultan mucho menos importantes entonces. Su corazón es libre y busca la bendecida aparición de Su Señor, que cuando venga, le llevará consigo a Su bendito Reino.

Hay quienes dicen: "Las profecías están muy bien para los sacerdotes y clérigos, pero no para la gente común de la Iglesia".

Pero Pedro dice: "*pues ninguna profecía fue dada jamás por un acto de voluntad humana, sino que hombres inspirados por el Espíritu Santo hablaron de parte de Dios*" (2 Pedro 1:21), y son esos hombres justamente los que nos hablan de regreso de nuestro Señor. Veamos a Daniel, que pronuncia el significado de esa piedra que el rey Nabucodonosor vio en su sueño, cortada de la montaña sin manos, que desmenuzó el hierro, el bronce, la arcilla, la plata, y el oro: "*el sueño es verdadero y la interpretación fiel*", dice Daniel (Daniel 2:45). Hemos visto que esa profecía se cumplió, en todo menos en la parte final. Los reinos de Babilonia y Medo-Persia, de Grecia y de Roma, todos se han partido en pedazos y ahora solamente falta que esta piedra cortada de la montaña sin ayuda de manos, golpee la imagen y la rompa en pedazos hasta que quede como el polvo del verano en el suelo de la trilla, y que esta piedra sea luego una gran montaña y llene la tierra toda.

Pero ¿cómo es que vendrá Él?

Se nos dice cómo vendrá. Cuando los discípulos, de pie, miraban al cielo en el momento de Su ascensión, aparecieron dos ángeles que les dijeron: "*Varones galileos, ¿por qué están mirando al cielo? Este mismo Jesús, que ha sido tomado de ustedes al cielo, vendrá de la misma manera, tal como lo han visto ir al cielo*" (Hechos 1:11).

¿Y cómo ascendió? Tomó consigo Su carne y Sus huesos. *Miren Mis manos y Mis pies, que Yo mismo soy; tóquenme y vean, porque un espíritu no tiene carne ni huesos como ustedes ven que Yo tengo* (Lucas 24:39).

Este mismo Jesús, que ha sido tomado de ustedes al cielo, vendrá de la misma manera, tal como lo han visto ir al cielo, dijeron los ángeles.

Un ángel fue el enviado que anunciaría Su nacimiento a María. Los ángeles cantaron a Su venida en Belén. Un ángel les dijo a las mujeres que Él había resucitado. Dos ángeles les dijeron a los discípulos que Él vendría de nuevo. En todos estos casos el testimonio es el mismo.

No sé por qué hay personas a quienes no les gusta estudiar la Biblia y aprender todo lo de esta preciosa doctrina del regreso de nuestro Señor. Algunos han ido más allá de la profecía, intentando pronosticar el día exacto de Su venida. Quizá esa sea una de las razones por las que las personas no creen en esta doctrina. Él vendrá, lo sabemos; pero lo que no sabemos es cuándo. Mateo lo dice así: *"Pero de aquel día y hora nadie sabe, ni siquiera los ángeles del cielo, ni el Hijo, sino solo el Padre"* (Mateo 24:36). No lo saben los ángeles. Es algo que el Padre Se reserva para Sí.

En Lucas leemos: *"También ustedes estén preparados, porque el Hijo del Hombre vendrá a la hora que no esperan"* (Lucas 12:40).

El predicador escocés McCheyne les preguntó a sus amigos en una ocasión:

— ¿Creen que Cristo vendrá esta noche?

Uno tras otro, respondieron:

— No lo creo.

Cuando todos hubieron respondido, McCheyne repitió este texto en tono solemne: *"El Hijo del Hombre vendrá a la hora que no esperan"*.

En su comentario al texto: *"No les corresponde a ustedes saber los tiempos ni las épocas que el Padre ha fijado con Su propia autoridad"* (Hechos 1:7), Spurgeon afirmó: "Si me llevaran a una habitación en la que se han guardado muchos paquetes, y me dijeran que allí hay algo bueno para mí, empezaría a revisarlos para encontrar el que tiene mi nombre escrito, y al hallar ese paquete y ver que en letras grande indica "No es para ti", lo dejaría allí donde está. Tenemos entonces aquí conocimiento empacado que indica: *"no les corresponde a ustedes saber los tiempos ni las épocas que el Padre ha fijado con Su propia autoridad"*. Dejemos de entrometernos en asuntos que están ocultos, y estemos satisfechos con el conocimiento de las cosas que se nos han revelado con claridad.

Si Cristo hubiese dicho: "No regresaré hasta dentro de dos mil años", ninguno de Sus discípulos habría empezado a vigilar hasta tanto se acercase la fecha; sin embargo, la actitud apropiada del cristiano es la de estar siempre a la espera del regreso de su Señor. Así que Dios no nos dice cuándo ha de venir Cristo, sino que nos dice que estemos vigilantes, a la espera. Así como Simeón y Ana estuvieron vigilantes y esperaron Su primera venida, los creyentes sinceros también hemos de estar atentos esperando Su regreso. No basta con decir que somos cristianos y que estamos bien. No estamos bien a menos que obedezcamos el mandato de estar vigilantes y a la espera.

También encontramos que Cristo ha de venir en forma inesperada y repentina. Leemos las Escrituras: *"Porque así como el relámpago sale del oriente y resplandece hasta el occidente, así será la venida del Hijo del Hombre"* (Mateo 24:27). Y también: *"Por eso, también ustedes estén preparados, porque a la hora que no piensan vendrá el Hijo del Hombre"* (Mateo 24:44).

Hay quienes dicen que eso significa la muerte, pero la Palabra de Dios no dice que signifique la muerte. La muerte es nuestra enemiga pero nuestro Señor tiene las llaves de la muerte. Él ha conquistado a la muerte, al infierno y a la sepultura, y en cualquier momento puede Él venir para liberarnos de la muerte y destruir a nuestro último enemigo.

En el último capítulo de Juan hay un texto que parece aclarar este asunto. Pedro formula la pregunta sobre Juan: *"Señor, ¿y este, qué?"*. *Jesús le dijo: "Si Yo quiero que él se quede hasta que Yo venga, ¿a ti, qué? Tú, sígueme". Por eso el dicho se propagó entre los hermanos que aquel discípulo no moriría. Pero Jesús no le dijo que no moriría, sino: "Si Yo quiero que se quede hasta que Yo venga, ¿a ti, qué?"."* (Juan 21:21-23). No pensaban que la venida del Señor significara la muerte; había una gran diferencia entre estas dos cosas en sus pensamientos. Cristo es el Príncipe de la Vida. Donde Él está, no hay muerte. La muerte huye ante Su venida. Cuando Él tocaba o les hablaba a los cuerpos muertos, éstos volvían a la vida. Su venida no es la muerte. Él es la resurrección y la vida. Cuando Él establezca Su reino no habrá muerte, sino vida por siempre.

Veamos ese relato de las últimas horas de Cristo con Sus discípulos. ¿Qué les dice? ¿"Si me voy, enviaré a la muerte para que los lleve conmigo" o "Enviaré a un ángel para que los traiga"? No, en absoluto. Dice: *"vendré otra vez y los tomaré adonde Yo voy"* (Juan 14:3). Es lo que hace que Juan 14 sea tan dulce.

Hay otro error, que hallaremos si leemos la Biblia con atención. Hay quienes piensan que a la segunda venida de Cristo todo se producirá en unos pocos minutos, pero yo no lo entiendo de ese modo.

La primera cosa que hará es llevarse a Su Iglesia, fuera del mundo. Llama Su esposa a la Iglesia y dice que va a preparar un lugar para ella. Dice alguno que podemos imaginar lo glorioso que será el lugar por el largo tiempo que Él se toma para prepararlo, y que cuando el lugar esté ya listo, Él vendrá y se llevará a la iglesia para que esté con Él.

En los últimos versículos de 1 Tesalonicenses 4 (versículos 14-18), Pablo dice:

Porque si creemos que Jesús murió y resucitó, así también Dios traerá con Él a los que durmieron en Jesús. Por lo cual les decimos esto por la palabra del Señor: que nosotros los que estemos vivos y que permanezcamos hasta la venida del Señor, no precederemos a los que durmieron.

Pues el Señor mismo descenderá del cielo con voz de mando, con voz de arcángel y con la trompeta de Dios, y los muertos en Cristo se levantarán primero. Entonces nosotros, los que estemos vivos y que permanezcamos, seremos arrebatados juntamente con ellos en las nubes al encuentro del Señor en el aire, y así estaremos con el Señor siempre. Por tanto, confórtense unos a otros con estas palabras.

Es ese el consuelo de la iglesia. Si mi esposa estuviera en el extranjero y yo tuviera una bella mansión ya lista y preparada para ella, seguramente mi esposa preferiría que yo mismo fuera a buscarla, en lugar de enviar a alguien más para que me la trajera. Él ha preparado una mansión para Su esposa, la Iglesia, y nos promete, para gozo y consuelo nuestro, que Él mismo vendrá para llevarnos al lugar que ha estado preparando todo este tiempo.

Hubo un tiempo en que yo lamentaba el hecho de que no estaría vivo en el milenio; pero ahora espero estar en el milenio.

Dice Dean Alford – y casi todos coinciden en que en materia de interpretación él es respetado – que debe insistir en que esta venida de Cristo para llevarse a Su Iglesia consigo en las nubes no es el mismo hecho de Su venida para juzgar al mundo en el último día. La liberación de la Iglesia es una cosa, y el juicio es otra. Cristo salvará a Su Iglesia, pero la salvará sacándola del mundo. Algunos negarán esto, diciendo: "Oh, bueno, es algo demasiado profundo para la mayoría. No son cosas para decir ante los jóvenes conversos. Únicamente los más sabios, como los ministros y los profesores de los seminarios de teología podrán entenderlas".

Amigos, Pablo escribió sobre estas cosas dirigiéndose a los jóvenes conversos de Tesalónica, y les dijo que se reconfortaran en estas palabras. En 1 Tesalonicenses 1:9-10, Pablo dice: "...*y de cómo se convirtieron de los ídolos a Dios para servir al Dios vivo y verdadero, y esperar de los cielos a Su Hijo, al cual resucitó de entre los muertos, es decir, a Jesús, quien nos libra de la ira venidera*". Esperar a Su Hijo – es esa la verdadera actitud de cada uno de los hijos de Dios. Al hacerlo, estará dispuesto para las obligaciones de la vida, preparado para la obra de Dios, y sí, sentirá con ello que está listo para empezar a trabajar para Dios.

Y luego, en el capítulo siguiente Pablo dice: *"Porque ¿quién es nuestra esperanza o gozo o corona de gloria? ¿No lo son ustedes en la presencia de nuestro Señor Jesús en Su venida?"* (1 Tesalonicenses 2:19). Una vez más, en 1 Tesalonicenses 3:13: *"a fin de que Él afirme sus corazones irreprensibles en santidad delante de nuestro Dios y Padre, en la venida de nuestro Señor Jesús con todos Sus santos"*. Y 1 Tesalonicenses 5:23 dice: *"Y que el mismo Dios de paz los santifique por completo; y que todo su ser, espíritu, alma y cuerpo, sea preservado irreprensible para la venida de nuestro Señor Jesucristo"*. Tiene algo para decir acerca de esto mismo en cada uno de los capítulos, y de hecho he pensado ya que esta epístola a los Tesalonicenses podría llamarse "el Evangelio de la segunda venida de Cristo".

Tomemos el relato de las palabras de Cristo en la mesa de la Comunión. Me parece que el diablo ha cubierto lo más precioso que contiene. El texto: *"Porque todas las veces que coman este pan y beban esta copa, proclaman la muerte del Señor hasta que Él venga"* (1 Corintios 11:26). Y sin embargo, la mayoría de las personas parece pensar que la mesa del Señor es lugar para examinarnos a nosotros mismos y arrepentirnos y efectuar buenas resoluciones. No es así. Esa idea lo estropea todo. Es para presentar de antemano la muerte del Señor, y que hemos de observar esto hasta tanto Él vuelva.

Algunos dicen: "Creo que Cristo vendrá ya del otro lado del milenio".

¿De dónde sacan esa idea? Yo no logro hallarla. La Palabra de Dios no me dice en ninguna parte que tenga que vigilar y esperar señales de la venida del milenio, sino de la venida del Señor. Que esté preparado a la medianoche para encontrarme con Él, como esas cinco vírgenes sabias.

Hubo una época en que yo pensaba que el mundo iría mejorando, mejorando hasta tanto Cristo ya no pudiera mantenerse apartado; pero al estudiar la Biblia no puedo hallar ningún lugar en donde Dios diga eso, o que Cristo ha de tener un reino *espiritual* sobre la tierra durante mil años. Lo que encuentro es que el mundo va a empeorar, cada vez más, y que finalmente habrá una separación. La Biblia dice: *"Os digo que en aquella noche estarán dos en una cama; el uno será tomado, y el otro será dejado. Dos mujeres estarán moliendo juntas; la una será tomada, y la otra dejada"* (Lucas 17:34-35).

La Iglesia será transportada fuera de este mundo, y tenemos de ello dos ejemplos ya, dos representantes (podríamos llamarlos) en el reino de Cristo, de lo que ha de ser para todos Sus sinceros creyentes. Enoc es el representante de la primera dispensación y Elías, de la segunda, y como representante de la tercera dispensación tenemos al mismo Salvador que entró en los cielos por nosotros y se convirtió en las primicias de aquellos que dormían. No hemos de esperar el gran juicio del trono blanco sino a que la Iglesia glorificada esté en el trono con Cristo y ayude a juzgar al mundo.

Ahora, algunos piensan que esta es una doctrina nueva y extraña y que quienes la predican son aves de rapiña. Pero permítanme decir que muchos de los hombres espirituales de los púlpitos de Gran Bretaña, y también de este país, están firmes en esta fe. La predicó Spurgeon. He oído decir a Newman Hall que no conocía razón por la que Cristo pudiera no venir antes de que terminara con su sermón. Pero en algunas iglesias donde tienen la forma de la fe cristiana pero niegan el poder que tiene — justamente el estado de cosas que Pablo declara que habrá en los últimos tiempos — esta doctrina no se predica y no se cree en ella. No quieren que los pecadores clamen en sus reuniones, diciendo: "*¿Qué debo hacer para ser salvo?*" (Hechos 16:30). Quieren predicadores intelectuales que cultiven sus gustos, brillantes predicadores que despierten su imaginación, pero no quieren la predicación que tiene en sí misma el poder del Espíritu Santo. Vivimos tiempos de engaños en la religión.

La Iglesia es fría y formal. ¡Dios nos despierte! No conozco mejor forma de hacerlo más que esperar como Iglesia el retorno de nuestro Señor.

Hay gente que dirá: "Oh, vas a desalentar a los jóvenes conversos si predicas esa doctrina".

Bueno, amigos míos, no ha sido esa mi experiencia. Lo que he sentido es deseos de trabajar el triple desde que llegué a entender que mi Señor volverá.

Veo a este mundo como una nave que naufraga. Dios me ha dado un bote salvavidas, y me ha dicho: "Moody, salva a todos los que puedas". Dios vendrá a juzgar a este mundo, pero los hijos de Dios no pertenecen a este mundo; están en el mundo, pero no son del mundo, como sucede con un barco que está en el agua; y su mayor peligro no es la oposición del mundo, sino su propia conformidad al mundo. Este mundo se está volviendo más y más oscuro; su ruina se acerca cada vez más; si tienes amigos en este naufragio que no son salvos, mejor será que no pierdas tiempo y los saques de allí.

Habrá quien diga: "¿Entonces conviertes la gracia de Dios en fracaso?".

No; la gracia no es un fracaso, pero *el ser humano sí lo es*. El mundo previo al Diluvio era un fracaso. El mundo judío era un fracaso. El ser humano ha sido un fracaso en todos los lugares en los que logró salirse con la suya, quedando así sujeto a sus propios medios. Cuando el Hijo de Dios dejó los cielos y vino a esta tierra maldecida por el pecado para abrir un nuevo camino de vida mediante el cual pudiéramos volver a Dios, la tierra no quiso darle nada más que un pesebre donde nacer, no le dio lugar donde apoyar Su cabeza durante los años de Su ministerio, y solo le dio la cruel cruz en Su muerte.

No hay lugar en las Escrituras donde se afirme que el mundo entero será puesto bajo los pies de Cristo en esta dispensación. En Hechos 15:14, Santiago dice: *Simón ha relatado cómo Dios al principio tuvo a bien tomar de entre los gentiles un pueblo para Su nombre.* Esa es una de las razones de la demora de nuestro Señor. Está esperando hasta que todos los escogidos estén reunidos, hasta que Su esposa esté completa.

No crean en lo que digo yo. Busquen esta doctrina en su Biblia, y si la encuentran allí, inclínense ante ella y recíbanla como Palabra de Dios. Tomemos Mateo 24:50-51: *vendrá el señor de aquel siervo el día que no lo espera, y a una hora que no sabe, y lo azotará severamente y le asignará un lugar con los hipócritas; allí será el llanto y el crujir de dientes.* Veamos 2 Pedro 3:3-4: *Ante todo, sepan esto: que en los últimos días vendrán burladores con su sarcasmo, siguiendo sus propias pasiones, y diciendo: "¿Dónde está la promesa de Su venida?". Porque desde que los padres durmieron, todo continúa tal como estaba desde el principio de la creación.* Salgamos a la calle y preguntémosle a la gente sobre el regreso de nuestro Señor, y lo que nos dirán será esto: "¡Ah, sí, el Señor demora Su venida! No planeo preocuparme por ello. No sucederá mientras yo viva".

Sin embargo, Pedro luego dice en el versículo 10: *Pero el día del Señor vendrá como ladrón, en el cual los cielos pasarán con gran estruendo, y los elementos serán destruidos con fuego intenso, y la tierra y las obras que hay en ella serán quemadas.* No tenemos entonces derecho a decir cuándo es que *no sucederá*, como tampoco lo tenemos a decir *cuándo sí será.* Como dijo alguien: la segunda venida de Cristo no ocurre tan rápido como la impaciencia supone, ni tan tarde como lo cree el que no le da importancia.

Hay otra idea sobre la que quiero dirigir nuestra atención, y es esta: hay un intervalo de tiempo que transcurre entre Su encuentro con todos Sus santos en el aire, y Su venida con todos Sus santos para ejecutar juicio sobre los impíos, para encadenar a Satanás en el abismo sin fin durante los mil años, y para establecer el reinado de mil años en gran poder y gloria. El pasaje es: *Bienaventurado y santo es el que tiene parte en la primera resurrección. La muerte segunda no tiene poder sobre estos sino que serán sacerdotes de Dios y de Cristo, y reinarán con Él por mil años. Los demás muertos no volvieron a la vida hasta que se cumplieron los mil años. Esta es la primera resurrección* (Apocalipsis 20:6, 5). Lo que parece es que la Iglesia va a reinar mil años con Cristo antes del juicio final del gran trono blanco, cuando Satanás será echado al lago de fuego, y habrá nuevos cielos y una nueva tierra.

Cuando vuelva Cristo, no Le tratarán como Le trataron antes. Habrá lugar para Él en Belén. Será bienvenido en Jerusalén. Se revelará a Sí mismo así como José se reveló ante sus hermanos. Les dirá a los judíos: "Yo soy Jesús", y ellos responderán: *"¡Bendito Aquel que viene en el nombre del Señor!"* (Mateo 21:9). Y los judíos serán entonces esa nación que nacerá en un día.

"Yo vengo pronto", le dijo Cristo a Juan. Esto se repite tres veces en el último capítulo de la Biblia. Y la oración *"Ven, Señor Jesús"* casi constituye las palabras de cierre de la Biblia. ¿Se sentían desilusionados los primeros cristianos entonces? No. No hay quien sienta desilusión si obedece la voz de Dios. El mundo esperó la primera venida del Señor; esperaron durante cuatro mil años, y entonces Él vino. Estuvo aquí tan solo durante treinta y tres años y luego se fue. Pero nos dejó la promesa de que vendrá otra vez; y así como el mundo vigiló y esperó Su primera venida, y no lo hizo en vano, también ahora para quienes esperan Su venida, Él se aparecerá por segunda vez para la salvación.

Ahora, que pase de boca en boca la siguiente pregunta: "¿Estoy preparado para encontrarme con el Señor si Él viene esta noche?".

"También ustedes estén preparados, porque a la hora que no piensan vendrá el Hijo del Hombre."

Capítulo 3

Cristo reinará

Por J. C. Ryle

*Estando ellos oyendo estas cosas, Jesús
continuó diciendo una parábola, porque Él
estaba cerca de Jerusalén y ellos pensaban
que el reino de Dios iba a aparecer de un
momento a otro. Por eso dijo: "Cierto hombre de familia noble fue a un país lejano
a recibir un reino para sí y después volver.
Llamando a diez de sus siervos, les repartió diez minas y les dijo: 'Negocien con esto
hasta que yo regrese'" (Lucas 19:11-13).*

Lectores, las palabras que están viendo sus ojos
conforman una introducción a la parábola que
se conoce comúnmente como "parábola de las minas".
Contienen sustancia que ser considerada en oración
por parte de todo cristiano sincero.

Hay algunas parábolas de las que Matthew Henry dice una verdad singular: "La llave está colgada junto a la puerta". El Espíritu Santo mismo es quien las interpreta. No queda lugar para la duda en cuanto al propósito con que se dijeron. La parábola de las minas es un ejemplo de estas parábolas.

Lucas nos dice que nuestro Señor Jesucristo relató esta parábola *porque Él estaba cerca de Jerusalén y ellos pensaban que el reino de Dios iba a aparecer de un momento a otro.*

Estas palabras nos revelan lo que pensaban en secreto los discípulos de nuestro Señor en este período de Su ministerio. Se acercaban a Jerusalén. De muchas de las cosas que decía su maestro, deducían que iba a pasar algo importante. Tenían la fuerte impresión de que estaba por cumplirse uno de los grandes propósitos de Su venida al mundo. Y estaban en lo cierto hasta ese momento. Pero se equivocaban bastante en cuanto a la naturaleza precisa del hecho que iba a suceder.

Lectores: en este pasaje de las Escrituras se abren tres temas que a mí me parecen profundamente importantes. Quisiera ofrecer algunos pensamientos acerca de cada uno de ellos, para que puedan meditar en privado. Y me abstengo a propósito de tocar cualquier parte de la parábola que no sea el comienzo. Quiero dirigir su atención a estos tres puntos:

1. Hablaré del error de los discípulos en referencia a estos versículos.

2. Hablaré de la posición actual del Señor Jesucristo.

3. Hablaré del deber actual de todos los que profesan ser discípulos de Jesucristo.

Que Dios bendiga la lectura de todo aquel en cuyas manos caiga esto, y que todo lector aprenda a orar que el Espíritu le guíe hacia toda verdad.

1. El error en el que habían caído los discípulos

¿Cuál era este error? Tratemos de entender este punto con claridad.

Los discípulos de nuestro Señor parecen haber enseñado que las promesas del Antiguo Testamento acerca del reino y gloria visibles del Mesías estaban por cumplirse de inmediato. Creían, correctamente, que Él era de veras el Mesías, el Cristo de Dios; pero suponían ciegamente que Él iba a ejercer de inmediato Su gran poder y que reinaría gloriosamente sobre la tierra. Era esta la suma y sustancia de su error.

Parecen haber llegado a la conclusión de que ahora era el día y ahora era la hora en que el Redentor levantaría a Sión y aparecería en Su gloria; que golpearía la tierra con la vara de Su boca, y que con el aliento de Sus labios acabaría con los malvados; que reuniría a los marginados de Israel, y a los dispersos de Judá; que tomaría a los paganos para Su herencia, y los rincones más lejanos de la tierra para Su posesión; que quebrantaría a Sus enemigos con vara de hiero y los haría añicos como a una vasija de arcilla; que reinaría en el monte Sión y en Jerusalén, y ante Sus antiguos, en gloria; que el reino, el dominio y la grandeza del reino bajo el cielo todo le sería dado a los santos del Altísimo. Ese parece haber sido el error en el que cayeron los discípulos de nuestro Señor en el momento en que Él presentó la parábola de las minas.

Sin duda, era un Gran Error. No se daban cuenta de que antes de que pudieran cumplirse todas esas profecías, sucedería que *"el Cristo padecerá"* (Lucas 24:46). Sus confiadas expectativas no llegaban a ver la crucifixión y el largo paréntesis de tiempo que le seguiría, y de un salto se anticipaban a la gloria final. No veían que en la primera venida sucedería que *"el Mesías será muerto"* (Daniel 9:26), antes de la segunda venida en que el Mesías reinaría. No entendían que los sacrificios y ceremonias de la ley de Moisés primero habrían de cumplirse en un sacrificio mejor, un mejor Sumo Sacerdote, y el derramamiento de una sangre más preciosa que la de los bueyes y cabras. No comprendían que antes de la llegada de esta gloria, Cristo debía ser crucificado, y que un pueblo escogido sería reunido de entre los gentiles mediante la predicación del evangelio. Todo esto les resultaba oscuro, desconocido. Podían entender parte de la palabra profética, pero no todo. Veían que Cristo tendría un reino, pero no veían que Cristo sería herido, golpeado, ofrendado por los pecados. Entendían la dispensación de la corona y la gloria pero no, la dispensación de la cruz y la vergüenza. Allí estaba su error.

Creo que hemos caído en un error paralelo al de nuestros hermanos judíos; un error menos fatal en sus consecuencias de lo que lo fue el suyo, pero mucho más inexcusable porque nosotros hemos tenido más luz. Si el judío pensaba demasiado exclusivamente en el Cristo que reinaba, ¿no ha pensado el gentil demasiado exclusivamente en el Cristo sufriente? Si el judío no veía en la profecía del Antiguo Testamento más que la exaltación y el poder final de Cristo, ¿no ha visto a menudo el gentil nada más que la humillación de Cristo y la predicación del evangelio? Si el judío se detenía demasiado en la segunda venida de Cristo, ¿no se ha detenido demasiado exclusivamente el gentil en la primera venida? Si el judío ignoraba la cruz, ¿no ha ignorado el gentil la corona? Creo que a estas preguntas les cabe tan solo una respuesta. Creo que nosotros, los gentiles, hemos sido muy culpables en cuanto a gran parte de la verdad de Dios. Creo que hemos atesorado el hábito arbitrario y poco prudente de interpretar los textos de la primera venida de manera literal, y los textos de la segunda venida, en forma espiritual. Creo que no hemos entendido correctamente *"todo lo que los profetas han dicho"* (Lucas 24:25) acerca de la segunda venida personal de Cristo, tanto como los judíos no entendieron lo de la primera.

Lectores, les invito de corazón a poner atención especial al punto que estoy tratando ahora. No conozco sus opiniones en cuanto al cumplimiento de las partes proféticas de las Escrituras, pero les pido con toda sinceridad que examinen lo que piensan, y les pido que con calma consideren si sus opiniones acerca de la segunda venida de Cristo y Su reino son tan sanas, tan apegadas a las Escrituras como lo eran los pensamientos de Sus primeros discípulos. Pido encarecidamente que tomen nota para que no cometan por insensatez un error tan grande acerca de la segunda venida y la gloria de Cristo, como lo fue el de ellos en cuanto a la primera venida de Cristo y la cruz.

Dejemos de lado todo prejuicio, y veamos el tema con calma, siendo imparciales. Estudiemos de nuevo las Escrituras proféticas, orando por no errar al interpretar su significado. Leamos a la luz de esas dos grandes luminarias, que son la primera y la segunda venida de Jesucristo. Combinemos con la *primera venida* el rechazo de los judíos, el llamado a los gentiles, la predicación del evangelio como testimonio ante el mundo, y la reunión de los escogidos por gracia. Combinemos con la *segunda venida* la restauración de los judíos, el derramamiento de juicios sobre los gentiles incrédulos, la conversión del mundo, y el establecimiento del reinado de Cristo sobre la tierra. Hagamos eso y veremos en la profecía un significado y una plenitud que tal vez no habíamos descubierto nunca.

Es hora de que los cristianos *interpretemos la profecía no cumplida a la luz de las profecías que ya se cumplieron*. Las maldiciones sobre los judíos se cumplieron literalmente, y lo mismo sucederá con las bendiciones. Fue literal la diáspora, y también lo será la reunión. Fue literal el derrumbamiento de Sión, y también lo será su reconstrucción. Fue literal el rechazo de Israel, y también lo será la restauración.

Es ya harto tiempo de *interpretar los hechos que acompañarán la segunda venida de Cristo a la luz de los que acompañaron Su primera venida*. La primera venida fue literal, visible, personal. Y Su segunda venida también lo será. Su primera venida fue con un cuerpo literal, y también lo será Su segunda venida. En Su primera venida se cumplieron hasta las predicciones menores al pie de la letra, y se cumplirán al pie de la letra también en Su segunda venida. La vergüenza fue literal y visible, y también será literal y visible la gloria.

Ya basta de *explicar las profecías del Antiguo Testamento de una forma que no corrobora el Nuevo Testamento*. ¿Qué derecho tenemos de decir que las palabras *Judá, Sión, Israel* y *Jerusalén* significan algo diferente, no literal, a Judá literal, Sión literal, Israel literal, y Jerusalén literal? ¿Qué antecedente encontramos en el Nuevo Testamento? Casi ninguno, o ninguno. Un admirable escritor bien dijo lo siguiente sobre el tema: "Apenas hay en realidad solo dos o tres lugares en todo el Nuevo Testamento — Evangelios, epístolas y Apocalipsis — en donde se usan esos nombres decididamente en forma que pudiéramos llamar estado espiritual o figurativo. La palabra 'Jerusalén' se utiliza ochenta veces, y en todas es incuestionable su sentido literal, con excepción de las ocasiones en que se indica lo contrario mediante los adjetivos 'celestial', 'nueva' o 'santa'. Cien veces aparece el término 'judío', y solamente en cuatro ocasiones podría calificarse su sentido como ambiguo. 'Israel' e 'israelita' aparecen cuarenta veces, todas en sentido literal. 'Judá' y 'Judea', más de veinte veces, siempre en sentido literal".

2. ¿Cuál es la posición actual de nuestro Señor Jesucristo?

La parábola, me parece, responde a esa pregunta de manera clara en el versículo 12: "*Cierto hombre de familia noble fue a un país lejano a recibir un reino para sí y después volver"*. Este noble representa al Señor Jesucristo en dos aspectos.

Al igual que el noble, el Señor Jesús se ha ido a un país lejano para recibir un reino para Sí. No lo ha recibido todavía en posesión, aunque sí lo tiene en promesa. Tiene, incuestionablemente, un reino espiritual. Reina sobre los corazones de Su pueblo creyente, y ellos son Sus fieles súbditos. Tiene poder de control sobre el mundo. Es el Rey de reyes y Señor de señores. *Y Él es antes de todas las cosas, y en Él todas las cosas permanecen* (Colosenses 1:17) y nada puede suceder sin Su permiso. Pero Su reino real, literal, visible, y completo el Señor Jesús no lo ha recibido todavía. Las Escrituras dicen: *Pero ahora no vemos aún todas las cosas sujetas a él* (Hebreos 2:8), y *Siéntate a Mi diestra, hasta que ponga a Tus enemigos por estrado de Tus pies* (Salmos 110:1).

El diablo es el príncipe de este mundo durante la dispensación actual. La gran mayoría de los habitantes de la tierra elige las cosas que agradan al diablo, muchísimo más que las cosas que agradan a Dios. Y aunque ni piensen en ello, están haciendo la voluntad del diablo, comportándose como súbditos del diablo, y sirviendo al diablo mucho más que a Cristo. Es esta la condición real de la cristiandad, y también de los países paganos. Tras mil novecientos años de Biblias y predicación del evangelio no hay ni una nación, país, distrito o congregación antigua en donde el diablo no tenga más súbditos de los que tiene Cristo. Así que, aunque aterra, es verdad que el mundo todavía no es el reino de Cristo.

El Señor Jesús es durante la dispensación actual

lo que era David entre el momento de su unción y la muerte de Saúl. Tiene la promesa del reino pero todavía no ha recibido la corona y el trono. Le siguen unos pocos, y a menudo no son ni grandes ni sabios, pero sí son un pueblo fiel. Es perseguido por Sus enemigos, arrojado al desierto muchas veces, y sin embargo los Suyos no han sido destruidos. Pero no tiene ninguna de las señales visibles del reino en este momento: no hay gloria terrenal, ni majestad, ni grandeza u obediencia. La vasta mayoría de la humanidad no ve belleza alguna en Él. No permitirán que este Hombre reine sobre ellos. Su pueblo no recibe honor por cuenta de su Maestro. Caminan la tierra como príncipes de incógnito. Su reino todavía no ha venido. En la tierra no se hace Su voluntad, con excepción de un pequeño rebaño. No es el día de *Su poder*. El Señor Jesús está esperando Su momento.

Peor así como el Señor Jesús, como ese noble, fue *"a recibir un reino"*, también como el nombre el Señor Jesús tiene intención de *"regresar"* un día.

Las palabras de los ángeles se cumplirán en todo. Dicen las Escrituras: *Este mismo Jesús, que ha sido tomado de ustedes al cielo, vendrá de la misma manera, tal como lo han visto ir al cielo* (Hechos 1:11). Así como Su salida fue una salida literal, real, también Su regreso será literal y real. Así como vino en persona la primera vez con un cuerpo, también vendrá personalmente la segunda vez con un cuerpo. Así como vino Él a esta tierra visiblemente, y se fue visiblemente, también regresará de manera visible en Su segunda venida. Y entonces, y recién entonces, comenzará el reino completo de Cristo.

Dejó a Sus siervos siendo *un noble*. Y regresará a Sus siervos siendo *rey*.

Entonces, tiene intención de echar fuera a ese viejo usurpador, el diablo, para atarlo por mil años y despojarlo de su poder.

Y luego, tiene intención de efectuar una restitución de la faz de la creación. Será el día del jubileo del mundo. Nuestra tierra finalmente producirá su crecimiento. El Rey finalmente tendrá lo que es Suyo una vez más. Y por fin se cumplirá el Salmo 97:1, y los seres humanos dirán: *El Señor reina; regocíjese la tierra.*

Entonces Él va a cumplir las profecías de Enoc, de Juan el Bautista y del apóstol Pablo *para ejecutar juicio sobre todos los impíos* habitantes de la cristiandad (Judas v. 15), y *quemará la paja en un fuego que no se apaga* (Lucas 3:17), *dando castigo a los que no conocen a Dios, y a los que no obedecen al evangelio de nuestro Señor Jesús* (2 Tesalonicenses 1:8).

Luego tiene intención de resucitar a Sus santos muertos y recoger a los vivos que son Suyos, de reunir a las tribus dispersas de Israel, y establecer un imperio en la tierra, en el que toda rodilla se doblará ante Él y donde *toda lengua confiese que Jesucristo es Señor, para gloria de Dios Padre* (Filipenses 2:11).

El cuándo, el cómo, dónde y de qué modo serán todas estas cosas, no lo sabemos en particular. Nos basta saber que *así será*. El Señor Jesús ha decidido hacer todo eso, y así será. El Señor Jesús espera el momento designado por el Padre, y entonces sucederá todo eso. Tan cierto como que Él nació de una virgen pura y vivió en la tierra como siervo durante treinta y tres años, será cierto que Él vendrá con nubes de gloria y reinará en la tierra como Rey.

Encargo a mis lectores lo siguiente: que establezcan en su mente, entre las grandes verdades de su religión, que Cristo un día tendrá un reino completo en este mundo; que Su reino todavía no se ha establecido pero que sí lo será en el día de Su regreso. Que sepan con claridad de quién es el reino ahora, no de Cristo sino del usurpador Satanás. Que sepan de quién será el reino un día: no de Satanás el usurpador, sino de Jesucristo. Que sepan claramente cuándo ha de cambiar de manos el reino y será echado fuera el usurpador: cuando el Señor Jesús regrese en persona, y no antes de eso. Que sepan claramente qué es lo que está haciendo ahora el Señor Jesús: Él está sentado a la diestra del Padre, intercediendo por Su pueblo como el Sumo Sacerdote en el Lugar Santísimo; añadiendo a su número a los que serán salvos por la predicación del evangelio y esperando hasta el día designado de Su poder, cuando vendrá a bendecir a Su pueblo y se sentará, *será sacerdote sobre Su trono* (Zacarías 6:13). Sepan estas cosas con claridad, y les irá bien.

Sepan estas cosas, claramente, y entonces no van a atesorar expectativas extravagantes de ninguna iglesia, ministro o maquinaria religiosa en esta dispensación actual. No se asombrarán al ver que los ministros y misioneros no convierten a nadie de aquellos a quienes predican. No se preguntarán por qué hay algunos que creen el evangelio, y muchos no quieren creerlo. No se sentirán deprimidos ni desanimados cuando vean a los hijos del mundo en muchos lugares y a los hijos de Dios, en pocos. Recordarán que *los días son malos*

(Efesios 5:16) y que no ha llegado todavía el tiempo de la conversión general. Darán gracias a Dios por los pocos que se convierten y que si bien el evangelio les está oculto a los sabios y prudentes, se les revela a los pequeños. ¡Es de lamentar para quien espera un milenio antes de que regrese el Señor Jesús! ¿Cómo sería posible, si el mundo en el día de Su venida estará en el mismo estado que en los tiempos de Noé y Lot?

Sepan esto con claridad, y entonces no les confundirá ni sorprenderá la continuidad de los inmensos males del mundo. Las guerras los tumultos, la opresión, la deshonestidad, el egoísmo, la codicia, la superstición, el mal gobierno y las abundantes herejías no les parecerán cosas sin explicación. No se hundirán en un estado de ánimo pesimista y mórbido cuando vean que las leyes, las reformas, la educación no están formando una humanidad perfecta. No caerán en un estado de apatía y asco al ver iglesias llenas de imperfecciones, y a teólogos cometiendo errores. Se dirán: "El tiempo del poder de Cristo no ha llegado todavía. El diablo sigue obrando entre sus hijos aun, y sembrando tinieblas y división. Comuniquemos entre los santos que el verdadero Rey ha de venir". Sepan todo esto con claridad y entonces verán por qué Dios demora la gloria final y permite que las cosas avancen como lo hacen en este mundo. No es que Él no tenga capacidad para prevenir la maldad, ni que sea remolón en el cumplimiento de Sus promesas. Es que el Señor está reuniendo para Sí a un pueblo mediante la predicación del evangelio. Es paciente con los que no se convierten. *El Señor no se tarda…, no queriendo que nadie perezca, sino que todos vengan al arrepentimiento* (2 Pedro 3:9).

Cuando el número de los escogidos haya sido reunido de entre todos los del mundo, cuando el último pecador escogido haya venido al arrepentimiento, entonces se establecerá el reino de Cristo y el trono de gracia se cambiará por el trono de gloria.

Sepan estas cosas con claridad, y entonces obrarán con diligencia para hacer el bien a las almas. El tiempo es escaso. Las Escrituras dicen: *La noche está muy avanzada, y el día está cerca* (Romanos 13:12). Las señales de los tiempos claman a gritos para que estemos vigilantes, y su voz no es en absoluto incierta. El imperio turco se está acabando.[1] Los judíos hoy están más cuidados que nunca en los últimos siglos. Se predica el evangelio como testimonio en casi todos los rincones del mundo. Por cierto, si pudiéramos salvar del fuego a algunos más, tendremos que esforzarnos y no perder tiempo. Tenemos que predicar, tenemos que advertir, tenemos que exhortar, tenemos que dar dinero a las sociedades religiosas, tenemos que dar y darnos mucho más de lo que hayamos hecho hasta ahora.

Sepan estas cosas con claridad y entonces vivirán esperando constantemente el día de Dios. Verán la segunda venida como una verdad gloriosa y consoladora en torno a la cual se reunirán todas sus mejores esperanzas. No pensarán meramente en el Cristo crucificado, sino que pensarán también en que Cristo vendrá otra vez. Anhelarán los días en que los hijos de Dios se renueven y manifiesten. Encontrarán la paz al mirar atrás hacia la cruz, y hallarán gozosa esperanza al anticipar el reino.

---

1 El imperio otomano fue un gran imperio turco que gobernó entre 1299 y 1922.

Repito una vez más: sepamos con claridad cuál es la posición actual de Cristo. Es como quien *fue a un país lejano a recibir un reino para sí y después volver.*

3. ¿Cuál es el deber actual de todos los que profesan ser discípulos de Cristo?

Cuando hablo del deber actual, me refiero por supuesto a su deber entre el período que transcurre entre la primera venida de Cristo y la segunda. Encuentro una respuesta en las palabras del noble de la parábola a sus siervos: *les repartió diez minas y les dijo: "Negocien con esto hasta que yo regrese."*

Lectores, pocas palabras conozco que impacten más que estas, que nos escudriñen más que ellas. *Negocien hasta que yo regrese.* Esas palabras son para todos los que profesan ser cristianos, y así se anuncian a sí mismos. Son palabras dirigidas a la conciencia de todo aquel que formalmente no le ha dado la espalda al cristianismo. Debieran mover a todos los que oyen el evangelio para que se examinen a sí mismos con el fin de determinar si están en la fe, y así probarse. Recordemos, por nuestro bien, que estas palabras están escritas: *Negocien con esto hasta que yo regrese.*

El Señor Jesús nos pide que "negociemos". Con eso nos está diciendo que "hagamos" en nuestro obrar cristiano, y no que seamos tan solo oyentes, o que profesemos ser cristianos y nada más. Quiere que Sus siervos no solo reciban Su paga, que coman Su pan, habiten en Su casa y pertenezcan a Su familia, sino que también hagan y trabajen en Su obra. Hemos de hacer que *brille la luz de ustedes delante de los hombres, para que vean sus buenas acciones y glorifiquen a su Padre que está en los cielos* (Mateo 5:16). ¿Tenemos fe? Entonces, no puede ser fe muerta. Tiene que ser fe que obre por amor. ¿Somos escogidos? Hemos sido escogidos a la obediencia. ¿Somos redimidos? Hemos sido redimidos *para ser... un pueblo para posesión Suya, celoso de buenas obras* (Tito 2:14) ¿Amamos a Cristo? Demostremos la realidad de nuestro amor, guardando los mandamientos de Cristo.

Oh, lectores, no olvidemos este encargo de *negociar*. Cuidémonos de la religión ociosa, que habla, anda con chismes, que es sentimental pero no hace nada. No pensemos que porque nuestras obras no pueden justificarnos o borrar un solo pecado, no importa entonces si hacemos algo o no. ¡Dejemos fuera ese engaño! Echémoslo, porque es invento del diablo. Pensemos en la casa construida sobre la arena, y en su final de miseria. Seamos cristianos de obras, *para hacer firme su llamado y elección de parte de Dios* (2 Pedro 1:10).

Pero el Señor Jesús también nos pide: "*negocien con esto* [la mina de cada uno]". Nos está diciendo que a cada uno de los de Su pueblo nos ha dado alguna oportunidad para glorificarle. Quiere que entendamos que cada uno tiene su propia esfera – desde el más pobre hasta el más rico – que todos tenemos delante una puerta abierta y que podemos, si lo queremos, presentar alabanza a nuestro Maestro. Nuestra salud física y nuestra fuerza, nuestros dones y capacidades mentales, nuestro dinero y posesiones terrenales, nuestro rango y posición en la vida, nuestro ejemplo e influencia sobre otros, nuestra libertad para leer la Biblia y oír el evangelio, nuestra abundante provisión de medios de gracia, todas estas cosas son nuestra *"mina"*. Son todas cosas que hemos de usar y emplear con referencia continua a la gloria de Cristo. Todas estas cosas son dones que Él nos ha dado.

Y el Señor Jesús nos pide también que *negociemos hasta que Él vuelva*. Con eso nos está diciendo que tenemos que hacer Su obra en la tierra como quien continuamente espera Su regreso. Tenemos que ser como el siervo fiel que no sabe cuándo podría llegar su amo pero mantiene todo dispuesto y siempre está preparado. Hemos de ser como quien sabe que la venida de Cristo es el gran día del recuento, y está dispuesto a rendir cuentas en cualquier momento. No tenemos que suponer que en este mundo tenemos algo, ni siquiera que rentamos. Porque la persona más grande y más rica es tan solo alguien que vive de prestado por voluntad de Dios. No debemos dejar de lado ninguna obligación social o relación de la vida a causa de la incertidumbre respecto del regreso del Señor. Hemos de cumplir el trabajo al que Dios nos ha llamado, de manera cristiana, siguiendo la voluntad de Dios, y tenemos que estar preparados para irnos de nuestro lugar de trabajo para encontrarnos con Cristo en el aire, si es eso lo que el Señor decide que es mejor. Tenemos que ser como el hombre que nunca sabe qué traerá el día y por eso, no debemos postergar nada "hasta que vengan tiempos más convenientes". Tenemos que levantarnos por la mañana, dispuestos si hace falta a encontrarnos con Cristo al mediodía. Hemos de acostarnos en la cama por la noche, dispuestos si hace falta a que nos despierte a medianoche el grito de *"¡Aquí está el novio!"* (Mateo 25:6). Nuestras cuentas espirituales tienen que estar en estado de disposición constante como lo hace aquel que nunca sabe cuándo podrían convocarle. Tenemos que medir todo lo que hagamos según la medida de la venida de Cristo, y no hacer nada de lo que no querríamos que nos encontrara haciendo Jesús. A esto se refiere el "negociar" u ocuparse, hasta que venga Jesús.

Lectores míos, ¡piensen en que estas palabras suenan condenatorias para miles de los que profesan ser cristianos! ¡En su andar y conversación de cada día evidencian no estar preparados! ¡No están prestos y dispuestos para encontrarse con Cristo! Nada saben del uso de dones de Dios, que son a préstamo, y por los que hemos de rendir cuentas. No muestran el menor de deseo de glorificar a Dios *en su cuerpo y en su espíritu, los cuales son de Dios* (1 Corintios 6:20). No dan muestras de estar preparados para la segunda venida. Ya el viejo Gurnall lo decía bien: "En la tumba de cada inconverso bien podría escribirse 'Yace aquí alguien que jamás hizo obra alguna por Dios siquiera durante una hora'".

Pensemos una vez más en que estas palabras debieran despertar a todos los que son ricos en este mundo, y que no saben gastar su dinero correctamente. ¡Oh, sí! Hay muchos que viven cada día como si Cristo jamás hubiera dicho nada sobre la dificultad de que el rico sea salvo. Son ricos para darse sus gustos y placeres, o para dárselos a sus familias ¡pero no son ricos para Dios! Viven como si no tuviesen que rendir cuentas de cómo han usado el dinero. Viven como si no fuese a haber rendición de cuentas ante el trono de juicio de Cristo. Viven como si Cristo jamás hubiese dicho: *"Más bienaventurado es dar que recibir"* (Hechos 20:35). *"Vendan sus posesiones y den limosnas; háganse bolsas que no se deterioran, un tesoro en los cielos que no se agota"* (Lucas 12:33). Si este libro llegara a caer en manos de una persona como esas, les imploro que consideren cómo viven, y sean sabios. Dejen de contentarse con dar un poco a la causa de Dios. Den con más generosidad que nunca. Den cientos, allí donde hoy dan decenas. Den miles allí donde hoy dan cientos. Entonces, y solo entonces, creeré que están "negociando, o invirtiendo" como quien espera el regreso de Cristo. ¡Qué doloroso es ver la codicia y estrechez de mente de la iglesia de estos días! Que el Señor les abra los ojos a los cristianos ricos.

De nuevo, piensen en lo instructivas que son estas palabras para todos los que están preocupados por dudas, que andan por allí mezclándose con el mundo y participando de sus vanos entretenimientos. De nada sirve decirnos que las carreras, los bailes, los teatros, las óperas y los naipes no están prohibidos como tales en las Escrituras. La pregunta que debiéramos hacernos es, simplemente, esta: "¿Estoy ocupándome como quien espera el retorno de Cristo cuando participo de estas cosas? ¿Querría que Jesús vuelva de repente y me encuentre en las carreras, en el salón de baile, en el teatro, o jugando a los naipes? ¿Pensaría yo que estoy en el lugar correcto entonces, que es el lugar donde el Señor quiere que yo esté?". ¡Ay, queridos lectores! Esa es la prueba a la que debiéramos someter todas nuestras ocupaciones diarias, todo aquello en lo que empleamos nuestro tiempo. Eso que no haríamos si pensáramos que Jesús vendría esta noche es lo que no debiéramos hacer jamás. Ese lugar al que no iríamos si pensáramos que Jesús vendría hoy es el lugar que tenemos que evitar. Esa compañía en la que no nos gustaría que nos encontrara Jesús es la compañía que debiéramos descartar. ¡Ah, si viviéramos como si Cristo nos estuviese viendo siempre! Y no, como si nos vieran los demás, o la iglesia o los ministros, sino como si nos estuviera mirando Cristo. Eso sí sería "negociar, invertir", ocuparse, hasta que Él regrese.

Sin embargo, piensa en lo alentadoras que son estas palabras para todo aquel que busca primero el reino de Dios y ama sinceramente al Señor Cristo. ¿Qué, si los hijos del mundo les ven como santurrones? ¿Qué, si los errados amigos y parientes les dicen que prestan demasiada atención a la religión, que están llevando las cosas demasiado lejos? Esas palabras, "negocien hasta que yo vuelva" son las que justifican su conducta.

Permítanme terminar este discurso con algunas palabras que pueden aplicarse en general.

1. Una advertencia

Ante todo, quiero tomar de todo este tema una solemne advertencia para todo aquel en cuyas manos pudiera caer este texto. La advertencia es que ha de venir un gran cambio en este mundo, y que tenemos que poner la mirada en ello constantemente.

Es un cambio de amos. Ese rebelde de antiguo, el diablo, y todos sus adherentes, serán derrotados. El

Señor Jesús y todos Sus santos serán exaltados, elevados al honor. Dicen las Escrituras: *El reino del mundo ha venido a ser el reino de nuestro Señor y de Su Cristo. Él reinará por los siglos de los siglos* (Apocalipsis 11:15).

Es un cambio de modos. El pecado ya no será tomado como poca cosa o minimizado. La maldad ya no quedará impune y sin reprimenda. La santidad será el carácter general de los habitantes de la tierra. Los nuevos cielos y la nueva tierra serán el lugar donde habitará la justicia.

Es un cambio de opinión. Ya no habrá deísmo, escepticismo o infidelidad. Todas las naciones rendirán honores al crucificado Cordero de Dios. Todas las personas Le conocerán, desde el más pequeño al más grande. Dice la Biblia: *Pues la tierra se llenará del conocimiento de la gloria del Señor como las aguas cubren el mar* (Habacuc 2:14).

No digo nada en cuanto al momento en que sucederán estas cosas. Y objeto, por principios, a todo dogmatismo en cuanto a las fechas. Solamente insisto en esto: ante todos nosotros hay un gran cambio, un cambio para la tierra, un cambio para el ser humano y, por sobre todo, un cambio para los santos.

Acepto la predicción de que *ha de venir una gran mejora y desarrollo de la naturaleza humana.* Lo acepto con todo mi corazón. Pero ¿cómo y cuándo ha de ocurrir? No será por ningún sistema educativo. Ni por legislación de políticos. Ni por otra cosa que no sea la venida del reino de Cristo. Entonces, y solamente entonces, habrá justicia universal, conocimiento universal, y paz universal.

Acepto la frase común que tantos pronuncian: *Vendrán buenos tiempos*. La acepto con todo mi corazón. Y creo positivamente que llegará el día en que ya no habrá más pobreza, ni más opresión, ni más ignorancia, ni competencia feroz, ni codicia. Pero ¿cuándo llegará ese tiempo? Nunca jamás, hasta el regreso de Jesucristo en Su segunda venida. Y ¿para quién será bueno ese tiempo? Para nadie más que para los que conocen y aman al Señor.

Acepto esa frase común que dice que llegará un hombre que corregirá todo lo que hoy está mal. Esperamos a ese hombre que vendrá. Lo acepto con todo mi corazón. Yo espero a Aquel que desenrede la madeja enredada de los asuntos de este mundo y ponga todas las cosas en su lugar correcto. Pero ¿quién es el gran médico que sanará a un mundo viejo, enfermo, agotado? Es el hombre Cristo Jesús, que ha de regresar.

¡Oh, lectores! Tenemos que darnos cuenta de esto. Ante todos nosotros hay un gran cambio. Por cierto, cuando un hombre ha avisado que dejará su hogar actual, tiene que asegurarse de que ya tiene otro hogar.

2. Una pregunta

Lo siguiente que haré es extraer de todo el tema una solemne pregunta para todo aquel en cuyas manos pudiera caer este texto. Es una pregunta sencilla: ¿Estás preparado para el gran cambio? ¿Estás listo para la venida y el reino de Cristo?

Recordemos que no pregunto qué piensa cada quien en cuanto a los puntos controvertidos del tema de la profecía. En todos estos puntos podemos estar equivocados, yo como ustedes, y sin embargo ser salvos. El punto al que quiero dirigir la atención es este: ¿Estás preparado para el reino de Cristo?

Inútil será que digan que al preguntarlo les presento un parámetro demasiado alto. En vano me dirán que un hombre tal vez podrá ser muy bueno, y sin embargo no estar preparado para el reino de Cristo. Niego todo eso. Todo hombre justificado y converso está listo, y si no lo está es porque no es un hombre justificado. El parámetro que presento no es otro más que el parámetro del Nuevo Testamento, y los apóstoles habrán dudado de la verdad de nuestra religión si no estuviéramos vigilantes y anhelando la venida del Señor. Por sobre todo, el gran fin del evangelio es el de preparar a las personas para encontrarse con Dios. ¿Qué ha hecho por ti el cristianismo si no te preparó para el reino de Cristo? ¡Nada! ¡Nada en absoluto! ¡Oh, piensen en este asunto, y no descansen hasta estar preparados para encontrase con Cristo!

3. Una invitación

Ahora, permítanme ofrecerles una invitación a todos los lectores que no se sienten preparados para el regreso de Cristo. Será una invitación breve y simple. Les imploro que conozcan su peligro y vengan a Cristo sin demora para ser perdonados, justificados, preparados para las cosas que vendrán. Les ruego que *huyan de la ira que está por venir*, hoy (Mateo 3:7; Lucas 3:7), hacia la esperanza que el evangelio les pone delante. Oro porque en el lugar de Cristo dejen de lado la enemistad y la incredulidad, y que de inmediato *se reconcilien con Dios* (2 Corintios 5:20).

Dejen de lado todo lo que se interponga entre ustedes y Cristo. Echen fuera todo lo que les impida avanzar, lo que impida que se sientan preparados para la aparición del Señor. Vean cuál es ese pecado acosador que les hace de lastre, y arránquenlo de su corazón, por mucho que les cueste. Clamen con potencia al Señor Jesús para que se revele en el alma de ustedes. No descansen hasta tener una esperanza real, firme, razonable, sabiendo que tienen los pies puestos en la Roca de la Eternidad.

4. Una exhortación

Por último, permítanme tomar de todo esto una exhortación para todo aquel que conoce de veras a Cristo y ama Su venida. Esta exhortación es simplemente así: esfuércense más y más por ser cristianos que hacen. Trabajen más y más para presentar alabanzas a Aquel que les ha llamado de la oscuridad a la luz maravillosa. Mejoren cada talento que el Señor Jesús les ha encargado para presentar Su gloria. Que en su andar, todo declare a las claras que buscan un país, un lugar que todavía no ha llegado. Que sea incuestionable e inequívoco que viven conformes a la mente de Cristo. Que su santidad sea un hecho claro, directo, que no puedan negar siquiera los peores enemigos del evangelio.

Por sobre todo, si estudian la profecía, les imploro que no permitan que se diga que el estudio profético impide la diligencia práctica. Si creen que el día en realidad está cerca, entonces trabajen activamente para motivar a otros al amor y las buenas obras. Si creen que la noche está por terminar, entonces dupliquen su diligencia en echar fuera las obras de las tinieblas, poniéndose la armadura de la luz. Nunca hubo mayor error que el de imaginar que la doctrina del regreso personal de Cristo tiene como fin paralizar la diligencia del cristiano. Ciertamente no puede haber mayor motivación para la actividad del siervo que la expectativa del pronto regreso de su amo.

Es así como se llega a la salud del alma. No hay como los ejercicios de nuestras gracias para promover nuestro vigor espiritual. Lamentablemente hay muchos santos de Dios que se quejan de que quieren que su religión les traiga consuelo espiritual, y no ven que la falla está en ellos mismos. A esas personas yo les diría: "Negocien, inviertan, hagan, trabajen". Dedíquense más de corazón a la gloria de Dios, y todos esos sentimientos incómodos se desvanecerán muy pronto.

Es esta la forma de hacer el bien a los hijos del mundo. Bajo Dios no hay nada que tenga tan grande efecto en los inconversos como el ver a un cristiano vivo, real, dedicado. Hay miles que no se acercan a oír el evangelio y que no conocen el significado de la justificación por la fe, que no llegan a entender el andar sin compromisos, santo, consistente con Dios. "Negocien, inviertan, hagan, trabajen", digo otra vez, si quieren hacer el bien.

Al vivir de esta manera hallaremos gran gozo en nuestro trabajo, gran consuelo en nuestras pruebas y penas, grandes puertas para ser de utilidad en el mundo, gran consolación en nuestra enfermedad, y gran esperanza en nuestra muerte; dejaremos detrás de nosotros grandes evidencias cuando nos sepulten, tendremos gran confianza en el regreso de Cristo, y recibiremos una gran corona en el día de la recompensa.

Capítulo 4

Vigilen y estén preparados

Por George Müller

En tiempos de los apóstoles a los discípulos les reconfortaba y animaba el pensar en el regreso personal del Señor Jesucristo. Un ángel les había dicho, mientras observaban al Señor que partía de la tierra: "*Varones galileos, ¿por qué están mirando al cielo? Este mismo Jesús, que ha sido tomado de ustedes al cielo, vendrá de la misma manera, tal como lo han visto ir al cielo*" (Hechos 1:11). Esta era la esperanza de la Iglesia, y debiera haber seguido siéndolo hasta el día de Su regreso. Su venida tendría que haber seguido siendo la esperanza de la Iglesia, pero lamentablemente desde hace siglos no lo es.

En las confesiones de fe la verdad de que el Señor Jesús vendrá de nuevo tal vez siga teniendo su lugar; pero en la práctica, para demasiados discípulos Suyos ha sido una mera declaración de doctrina que no se ha disfrutado y no ha tenido influencia en sus vidas. Sin embargo el Señor deseaba que fuese de otra manera. Su intención era que Su Iglesia Le buscara, que estuviese vigilante y esperando Su regreso. Una y otra vez durante Su ministerio personal el Señor Jesús predijo este gran suceso; y después de Su ascensión el apóstol se refirió continuamente a ello.

Se pueden citar muchos, muchísimos pasajes de las Escrituras como prueba de esta afirmación pero mencionaré solamente lo siguiente: *Pero cuando el Hijo del Hombre venga en Su gloria, y todos los ángeles con Él, entonces Él se sentará en el trono de Su gloria* (Mateo 25:31); *En la casa de Mi Padre hay muchas moradas; si no fuera así, se lo hubiera dicho; porque voy a preparar un lugar para ustedes. Y si me voy y les preparo un lugar, vendré otra vez y los tomaré adonde Yo voy; para que donde Yo esté, allí estén ustedes también* (Juan 14:2-3); *Y así como está decretado que los hombres mueran una sola vez, y después de esto, el juicio, así también Cristo, habiendo sido ofrecido una vez para llevar los pecados de muchos, aparecerá por segunda vez, sin relación con el pecado, para salvación de los que ansiosamente lo esperan* (Hebreos 9:27-28); *Pues el Señor mismo descenderá del cielo con voz de mando* (1 Tesalonicenses 4:16).

Estas citas bastan para demostrar que la segunda venida del Señor Jesús significa que Él regresará en persona, y no hacen referencia al don del Espíritu Santo en el día de Pentecostés ni a que Él se manifestará de manera especial al creyente con consuelo, instrucción o ayuda alguna; tampoco hacen referencia a nuestra muerte cuando nosotros, como creyentes, somos llevados para estar con Él.

Sin embargo, si alguien dijera: "¿Por qué poner tanto énfasis en esto? ¿No es igual a ir con Él cuando morimos?", la respuesta es que entre estos dos sucesos hay una enorme diferencia.

No es muerte

1. Como individuos, en ese momento seremos llevados tan solo a un estado de felicidad parcial; no tendremos entonces cuerpos glorificados y tendremos que esperar al día en que suceda esto: ...*en un momento, en un abrir y cerrar de ojos, a la trompeta final. Pues la trompeta sonará y los muertos resucitarán incorruptibles, y nosotros seremos transformados* (1 Corintios 15:52). Tampoco, al quedar dormidos (morir) reinamos con Cristo y nos sentamos con Él en Su trono, porque no será ese el tiempo en que Él esté reinando de manera manifiesta. Por lo tanto, si bien para el hijo de Dios es una bendición que al partir vamos a *estar ausentes del cuerpo y habitar con el Señor* (2 Corintios 5:8), será indecible y mucho mayor la bendición de entrar en esa plenitud de gloria que nos espera únicamente cuando regrese nuestro Señor.

2. Satanás no será atado hasta que Jesús regrese, y por esta razón, por permiso de Dios, sigue teniendo poder aquí tanto en el mundo como

en la Iglesia, aunque quienes se han dormido en Jesús están fuera de su alcance.

3. La Iglesia toda entrará al mismo tiempo en plena y eterna felicidad y gloria cuando regrese nuestro bendito Señor. No solo rebosará de gozo nuestra copa personal, sino que también nos regocijaremos por toda la eternidad con todos los redimidos.

Los sucesos por venir

Ahora procedo a considerar brevemente algunos de los sucesos que han de acontecer entonces.

1. La primera resurrección es cuando los santos, cambiados y resucitados, serán llevados juntos a encontrarse con el Señor en el aire para estar con Él por siempre. En este momento serán resucitados solamente quienes se han dormido en el Señor como creyentes en el Mesías bajo la dispensación del viejo pacto, o como discípulos del Señor Jesús bajo la del nuevo pacto.

La opinión que se oye comúnmente es que cuando regrese nuestro Señor habrá una resurrección general, de creyentes y no creyentes por igual. El Espíritu Santo enseña en las Santas Escrituras que los que son de Cristo, y solamente ellos, participarán de la primera resurrección. Leemos en 1 Corintios 15:22-23: *Porque así como en Adán todos mueren, también en Cristo todos serán vivificados. Pero cada uno en su debido orden: Cristo, las primicias; luego **los que son de Cristo** en Su venida* (énfasis añadido) Observemos que dice *los que* *son de Cristo*. Eso significa que no son todos los que hayan muerto sino solamente los que por fe en Jesús están unidos a Él, y se han dormido siendo creyentes.

1 Tesalonicenses 4:16-17 enseña la misma verdad: **los muertos en Cristo se levantarán primero**. *Entonces nosotros, los que estemos vivos y que permanezcamos, seremos arrebatados juntamente con ellos en las nubes al encuentro del Señor en el aire, y así estaremos con el Señor siempre* (énfasis añadido). Notemos que dice que en ese momento resucitarán solamente los muertos en Cristo.

> *Vi un gran trono blanco y a Aquel que estaba sentado en él, de cuya presencia huyeron la tierra y el cielo, y no se halló lugar para ellos. También vi a los muertos, grandes y pequeños, de pie delante del trono, y los libros fueron abiertos. Otro libro fue abierto, que es el libro de la vida, y los muertos fueron juzgados por lo que estaba escrito en los libros, según sus obras. El mar entregó los muertos que estaban en él, y la Muerte y el Hades entregaron a los muertos que estaban en ellos. Y fueron juzgados, cada uno según sus obras. La Muerte y el Hades fueron arrojados al lago de fuego. Esta es la muerte segunda: el lago de fuego. Y el que no se encontraba inscrito en el libro de la vida fue arrojado al lago de fuego* (Apocalipsis 20:11-15)

La solemnidad y certeza de estos sucesos debieran grabarse en nosotros, en cada uno, y todo quien lee estas líneas debiera buscar con sinceridad y basándose en las Escrituras la seguridad de que ya pertenece a Cristo. Por naturaleza estamos perdidos, arruinados, deshechos, y no merecemos más que castigo; pero al mismo tiempo tenemos que aceptar el único remedio de Dios que es la salvación por medio de la fe en la sangre y la justicia del Señor Jesucristo, que es el único por quien podemos obtener vida espiritual, perdón, y justificación.

2. La conversión y restauración de Israel como nación. En las Escrituras la gloria y resurrección de la Iglesia de los primogénitos está siempre conectada al momento en que Israel (ya retornado a su propia tierra en incredulidad) *"conoce al Señor"* (Hebreos 8:11).

3. Otro suceso que tendrá lugar al regreso del Señor Jesús es que Satanás será atado.

Las Escrituras dicen: *Vi entonces a un ángel que descendía del cielo, con la llave del abismo y una gran cadena en su mano. El ángel prendió al dragón, la serpiente antigua, que es el Diablo y Satanás, y lo ató por mil años. Lo arrojó al abismo, y lo encerró y puso un sello sobre él para que no engañara más a las naciones, hasta que se cumplieran los mil años. Después de esto debe ser desatado por un poco de tiempo* (Apocalipsis 20:1-3).

Durante la dispensación actual, antes del regreso de nuestro Señor, Satanás no será atado; por eso el pecado y la maldad sin tapujos continuarán hasta el final de ésta y en lugar de mejorar, según las Escrituras, las cosas van a tornarse peor y peor. Es imposible cerrar los ojos ante la temible maldad que hoy nos rodea en todas partes. Se cometen continuamente asesinatos de la forma más cruel, y numerosos delitos y crímenes atroces, incluso en este iluminado siglo diecinueve. Esto por cierto demuestra que Satanás no está atado todavía y que sigue siendo el dios de este mundo, todavía con poder; y como sabe que su tiempo será comparativamente corto manifiesta su odio contra Dios y contra Su pueblo, en todo lo que le es posible.

Sin embargo, este estado de las cosas no durará por siempre porque cuando regrese Jesús el enemigo perderá su poder en la tierra y será encerrado en el abismo durante mil años.

4. En relación con el regreso del Señor Jesús hay otro suceso que es la separación del trigo y la cizaña, que representa a la cristiandad o a la Iglesia que profesa a Cristo. Leamos con atención Mateo 13:37-40: *Jesús les respondió: "El que siembra la buena semilla es el Hijo del Hombre, y el campo es el mundo; la buena semilla son los hijos del reino, y la cizaña son los hijos del maligno; el enemigo que la sembró es el diablo, la siega es el fin del mundo, y los segadores son los ángeles. Por tanto, así como la cizaña se recoge y se quema en el fuego, de la misma manera será en el fin del mundo".*

En esta parábola, junto con la explicación que dio Jesús mismo, vemos lo que hemos de esperar durante la actual dispensación mientras Jesús espera el momento de regresar. La civilización, el cultivar la mente, y el avance del conocimiento de todo tipo podrán continuar hasta lo máximo alcanzable. Pero el ser humano, caído, sigue siendo una criatura en ruina y miseria a menos que se regenere por el poder del Espíritu Santo al aceptar el evangelio. En lo intelectual podrá mejorar y pulirse en sumo grado, pero es un pecador y en su condición natural sigue perdido, arruinado, miserable. Puede incluso tener una religión natural y alguna forma de divinidad en su conducta, pero si no es nacido de nuevo sigue estando enemistado con Dios y como no cree en el Señor Jesucristo *la ira de Dios permanece sobre él* (Juan 3:36).

El pecado no es algo comparativamente menor como suponen algunos. Es una fatal enfermedad espiritual, y así lo declara la Palabra de Dios. No hay avance educativo ni mente cultivada que pueda erradicarlo del corazón o cambiar la depravada naturaleza humana. A pesar de los muchos esfuerzos por mejorar, el corazón sigue siendo *más engañoso que todo y sin remedio* (Jeremías 7:9). Hasta que regrese el Señor Jesús, entonces, continuarán las cosas como son ahora y emporarán cada vez más, como veremos ahora en la Palabra de Dios.

Esto muestra con claridad que es errónea y contraria a las Santas Escrituras la idea que sostienen muchas personas buenas, excelentes, de que el mundo se convertirá durante la dispensación actual mediante la predicación del evangelio y que así es como finalmente se dará inicio al milenio.

El evangelio, por cierto, debe predicarse como testimonio a todas las naciones pero no es su propósito ser el medio de la conversión del mundo. Además, aprendemos sobre el carácter de la dispensación actual, que es que Dios saca de entre los gentiles un pueblo para Su nombre pero no convierte a todas las naciones. Es lo que confirma la parábola del trigo y la cizaña, porque si todo el mundo estuviese convertido ya antes del regreso del Señor Jesús no habría verdad alguna en la explicación de Dios el Señor. Nos dice que la cizaña (los hijos del malvado) crecerá junto al trigo o la semilla buena (los hijos del reino) hasta el fin de los tiempos, que es el momento de Su regreso. Así, entonces, la palabra del Señor Jesús se opone directamente a la idea común de que el mundo se habrá convertido antes de Su segunda venida.

Sumado a esto encontramos pasajes en el Nuevo Testamento, uno tras otro, en que Cristo o los apóstoles nos dicen expresamente que al término de la dispensación actual abundará la maldad tanto entre los creyentes profesos como en el mundo en general, en prueba de lo cual voy a referirme solamente a uno de los pasajes de las Escrituras: *en los últimos días vendrán tiempos difíciles. Porque los hombres serán amadores de sí mismos, avaros, jactanciosos, soberbios, blasfemos, desobedientes a los padres, ingratos, irreverentes, sin amor, implacables, calumniadores, desenfrenados, salvajes, aborrecedores de lo bueno, traidores, impetuosos, envanecidos, amadores de los placeres **en vez de amadores de Dios**; teniendo apariencia de piedad, pero habiendo negado su poder* (2 Timoteo 3:1-4, énfasis añadido). Aquí tenemos que asegurarnos de que tenemos delante no una descripción de los paganos, sino de los discípulos profesos del Señor Jesús; porque la cristiandad, o la Iglesia profesa de Cristo, se verá reducida a este estado en el final de la dispensación actual.

Notemos en especial que se nos dice que esta gente tendrá *apariencia de piedad.* Quieren que se les considere cristianos. No son infieles acérrimos y ateos, sino *creyentes* profesos. Entonces ¿hemos de esperar que las cosas que nos rodean vayan mejorando gradualmente? ¿O más bien es que al acercarnos al final de los tiempos se volverán más oscuras? Es cierto que un día *la tierra se llenará del conocimiento de la gloria del Señor como las aguas cubren el mar* (Habacuc 2:14) pero no sucederá hasta que Jesús mismo regrese. Mientras tanto, aumentará la ilegalidad, y el socialismo, el comunismo, el nihilismo, etc. y todo lo que hoy oímos tanto por allí finalmente tendrá su punto máximo en la persona del anticristo, el hombre de pecado.

Esto me lleva a mencionar otro de los sucesos que acontecerán cuando regrese el Señor Jesús, y es:

5. La destrucción del anticristo

> *Pero con respecto a la venida de nuestro Señor Jesucristo y a nuestra reunión con Él, les rogamos, hermanos, que no sean sacudidos fácilmente en su modo de pensar, ni se alarmen, ni por espíritu, ni por palabra, ni por carta como si fuera de nosotros, en el sentido de que el día del Señor ha llegado. Que nadie los engañe en ninguna manera, porque no vendrá sin que primero venga la apostasía y sea revelado el hombre de pecado, el hijo de perdición.*

Este se opone y se exalta sobre todo lo que se llama dios o es objeto de culto, de manera que se sienta en el templo de Dios, presentándose como si fuera Dios. ¿No se acuerdan de que cuando yo estaba todavía con ustedes les decía esto?

Ustedes saben lo que lo detiene por ahora, para ser revelado a su debido tiempo. Porque el misterio de la iniquidad ya está en acción, solo que aquel que por ahora lo detiene, lo hará hasta que él mismo sea quitado de en medio. Entonces será revelado ese impío, a quien el Señor matará con el espíritu de Su boca, y destruirá con el resplandor de Su venida (2 Tesalonicenses 2:1-8).

Ahora tenemos que tomar en cuenta que es voluntad del Señor que nosotros, Sus discípulos, esperemos Su regreso.

Como prueba de ello podríamos citar muchos pasajes del Nuevo Testamento, pero para ser breve me voy a referir solamente a algunos. En Tito 2:11-13 leemos: *Porque la gracia de Dios se ha manifestado, trayendo salvación a todos los hombres, enseñándonos, que negando la impiedad y los deseos mundanos, vivamos en este mundo sobria, justa y piadosamente, **aguardando** la esperanza bienaventurada y la manifestación de la gloria de nuestro gran Dios y Salvador Cristo Jesús* (énfasis añadido). Notemos que a los santos se les manda a que aguarden la bienaventurada esperanza y la aparición de la gloria del gran Dios y Salvador nuestro Jesucristo.

Permanecer vigilantes

El Señor les dijo a Sus discípulos: *Velen, pues no saben ni el día ni la hora* (Mateo 25:13, énfasis añadido). Y también: *Por tanto, **velen**, porque no saben cuándo viene el señor de la casa, si al atardecer, o a la medianoche, o al canto del gallo, o al amanecer; no sea que venga de repente y los halle dormidos. Y lo que a ustedes digo, a todos digo: ¡Velen!* (Marcos 13:35-37, énfasis añadido). Y otra vez, el Señor dice: *¡Estén alerta! Vengo como ladrón. Bienaventurado el que vela y guarda sus ropas, no sea que ande desnudo y vean su vergüenza* (Apocalipsis 16:15).

Ahora, como creyentes ¿estamos todos velando, vigilantes, en alerta? ¿Sinceramente anhelamos en regreso de Aquel que es bendito? ¿En verdad Le anhelan nuestros corazones, esperando con ansias Su gloriosa venida? ¿Y oramos habitualmente porque el Señor Se agrade en apurar el cumplimiento de los sucesos que han de acontecer hasta que llegue ese día?

Los efectos prácticos

Ahora falta considerar la última parte de nuestro tema, que es el efecto práctico que debiera tener esta verdad en nuestros corazones. Si la recibimos en verdad, y entramos en ella, el hijo de Dios dirá: ¿Qué puedo hacer por mi bendito Salvador antes de que Él regrese?

¿Cómo puedo darle la mayor gloria? Su voluntad en cuanto a mí es que trabaje, negocie, invierta y me ocupe hasta que Él venga. ¿Cuál es la mejor forma de usar los talentos que me ha confiado, para Su gloria, sea en fuerza física o en poder mental? ¿Cómo dedicar de la mejor forma mi vista, mi lengua, y todas mis facultades mentales y físicas para Su alabanza? ¿En qué usar para Él mi tiempo, mi dinero, todo lo que soy y tengo? ¿Cómo consagrar mejor a Su servicio todo mi espíritu, mi alma y mi cuerpo?

Estas son preguntas prácticas de profunda importancia que todos los creyentes en el Señor Jesús debieran formularse, ya que no son cosas nuestras sino que han sido compradas al precio de Su preciosa sangre. En lugar de regodearnos en la inactividad o el desgano a causa del mal que nos rodea, debiéramos orar y trabajar, trabajar y orar, como si fuéramos capaces de poner freno al torrente de la iniquidad que hace estragos. ¿Quién puede decir lo mucho que puede lograr tan solo un hijo de Dios siendo sincero, y en qué gran medida puede glorificar a Dios andando completamente apartado de todo lo que Él aborrece? En especial hemos de guardarnos contra la tentación de escatimar nuestros esfuerzos para convertir a los pecadores, porque el mundo no se habrá convertido antes de que Jesús regrese. Más bien, debemos decir: "Tal vez el tiempo en que Él demora Su venida sea corto, así que ¿qué puedo hacer yo para advertir a los pecadores y para ganar almas para Él?".

En conclusión, quiero dirigir su atención a 2 Pedro 3:11-14: *Puesto que todas estas cosas han de ser destruidas de esta manera, ¡qué clase de personas no deben ser ustedes en santa conducta y en piedad, esperando y apresurando la venida del día de Dios, en el cual los cielos serán destruidos por fuego y los elementos se fundirán con intenso calor! Pero, según Su promesa, nosotros esperamos nuevos cielos y nueva tierra, en los cuales mora la justicia. Por tanto, amados, puesto que ustedes aguardan estas cosas, procuren con diligencia ser hallados por Él en paz, sin mancha e irreprensibles.*

Con la misma certeza de que el carácter práctico de la segunda venida del Señor se percibe realmente en el poder que tiene, también seguirán por cierto los más bendecidos efectos sobre la vida y la conducta de los cristianos. Así se nos enseña lo que le espera al mundo que sigue al malvado y cuál será el final de la gloria, el orgullo y la pompa del mundo. Se nos revela además el destino futuro de los hijos de Dios, incluso mostrándonos que seremos perfectamente conformados a la imagen de nuestro Señor resucitado, tanto en alma como en cuerpo cuando Le veamos como Él es.

Entonces podremos poseer nuestra herencia incorruptible y pura, que no se desgasta, y estaremos sentados con Jesús en Su trono para juzgar al mundo junto con Él, y pasaremos una feliz eternidad junto a nuestro Señor en gloria. *Por tanto, Yo vengo pronto, y Mi recompensa está conmigo para recompensar a cada uno según sea su obra* (Apocalipsis 22:12).

Capítulo 5

Su gloriosa aparición

Por D. W. Whittle

Las únicas personas que he encontrado en este país, o en cualquier otro, que muestran que han sido verdaderamente estimuladas a la obra cristiana son aquellas que ante todo han aceptado la verdad en sus corazones. Y según mi observación, no hay verdad que haya estimulado tanto a las personas a la consagración y a la obra de Cristo como la verdad de las Escrituras en cuanto a la venida personal del Señor Jesús.

Nada hay que me haya bendecido tanto como el ver esta verdad. Nada hay como esto que haya logrado que me dedique de lleno a la obra cristiana. Por regla general, los evangelizadores de todas partes sostienen la verdad en cuanto a la segunda venida del Señor, y esa verdad les bendice. Y cuando se ven ministros desde la costa del Atlántico a la del Pacífico, bendecidos y llenos del

Espíritu, y la gente ama oír de ellos la Palabra de Dios, uno suele encontrar que es esta verdad la que se les ha abierto. Dejemos entonces de lado nuestros prejuicios. Miremos al Espíritu Santo para que sea nuestro Maestro.

No hay en esta verdad nada que sea tan misterioso. Es tan clara y simple como podría serlo si la ves con sentido común. Lo que tenemos que hacer es tomar la Biblia y leer lo que dice tal cual está, dejando que la Palabra de Dios nos hable así como Dios nos la ha dado y dejando a un lado todas las ideas, caprichos y conceptos preconcebidos por los humanos. La doctrina ha sufrido abusos vergonzosos. Se han establecido fechas, se prepararon vestiduras de ascensión y se difundieron enseñanzas fanáticas. De allí la gran reacción a todo esto. Pero es todo obra del diablo, que quiere apartar al pueblo de Dios de la verdad. Y sin embargo la verdad está allí en las Escrituras. La encontraremos si tan solo la buscamos.

Ahora, hay siete puntos que quiero aclarar en relación con esta doctrina:

I

Ante todo, que la venida del Señor mencionada en las Escrituras no es la muerte. *Si Yo quiero que él se quede hasta que Yo venga, ¿a ti, qué?* (Juan 21:22). Los discípulos tenían la idea de que Juan no moriría sino que se quedaría en la tierra hasta que regresara el Señor Jesús. No entendían a la venida del Señor como la muerte. Y también: *Así que les digo un misterio: no todos dormiremos, pero todos seremos transformados* (1 Corintios 15:51). Es decir que no todos moriremos, pero sí seremos todos transformados cuando venga el Señor. Pablo también dice: *Porque de ambos lados me siento apremiado, teniendo el deseo de partir y estar con Cristo, pues eso es mucho mejor* (Filipenses 1:23). Era esa la idea que tenía de la muerte: no que el Señor vendría a él sino que él partiría para estar con el Señor. Morir es partir para estar con el Señor, y la venida del Señor de la que hablan las Escrituras es que el Señor vendrá a esta tierra por nosotros.

Juan dice: *Lázaro ha muerto; y por causa de ustedes me alegro de no haber estado allí, para que crean; pero vamos a donde está él* (Juan 11:14-15). Es decir: "Él está en la tumba. Voy a resucitarlo de entre los muertos y en su resurrección, será glorificado y entenderán ustedes Mi poder como no lo entendieron antes". Allí es donde entró la resurrección: Dios sería glorificado en la resurrección.

Ahora, Jesús iba de camino a Lázaro. ¿Era la muerte de Lázaro la venida de Cristo? Jesús dijo: *Vamos a donde está él.* ¿Para qué? Para resucitarlo de entre los muertos. Entonces, la venida de Cristo no era su muerte sino todo lo contrario.

Supongo que si alguno de esos hermanos entre los que estaban ahí fuesen de los que explican las Escrituras diciendo que la venida del Señor significa la muerte, y los hubiesen llamado para predicar el sermón fúnebre, habrían dicho: "Queridos amigos, bien sabemos que Jesús les prometió a María y a Marta que vendría, y bien sabemos que Él está por venir. Creemos que cumplirá Su palabra. Pero vean, queridos amigos, que el significado de Sus palabras es este: Lázaro está muerto ¿y el Señor ha venido? Ha venido en muerte. Así es como cumplió Él Su palabra".

Pero ese no era el cumplimiento, para nada. La muerte de Lázaro significaba algo completamente distinto, y la venida del Señor significaba la resurrección. No significa la muerte. Significa la vida.

II

Lo segundo que quiero aclarar es esto: La venida del Señor no es la destrucción de Jerusalén. *Pero cuando ustedes vean a Jerusalén rodeada de ejércitos, sepan entonces que su desolación está cerca. Entonces los que estén en Judea, huyan a los montes, y los que estén en medio de la ciudad, aléjense; y los que estén en los campos, no entren en ella…Caerán a filo de espada y serán llevados cautivos a todas las naciones. Jerusalén será pisoteada por los gentiles, hasta que los tiempos de los gentiles se cumplan* (Lucas 21:20-21, 24). El cumplimiento de esta profecía continúa todavía hoy, evidentemente. Jerusalén sigue pisoteada por los gentiles.

En este pasaje se habla de dos cosas: primero, la destrucción de Jerusalén; y lo segundo es que vendrá un juicio sobre la cristiandad corrupta. Pienso que la destrucción de Jerusalén presenta un tipo de lo que ha de caer sobre la cristiandad corrupta cuando se cumplan los tiempos de los gentiles. El judaísmo se ha corrompido. Cuando vino Cristo, el pueblo en su conjunto no quiso recibirlo. Y había saduceos que negaban la resurrección. Pero había un grupo reducido de judíos que eran piadosos, fariseos justos que esperaban la venida del Mesías. La religión de la nación, como nación, era corrupta. ¿Qué es hoy la cristiandad? Olvidamos que los creyentes sinceros no son más que un puñado en comparación con la gran masa de personas que profesan el nombre de Jesucristo. En tiempos del ministerio de nuestro Señor lo que predominaba en la mente de los discípulos era el judaísmo — el templo y todo el ritualismo de la religión judía — y en este pasaje lo primero que dijo Cristo fue: "Todo esto se acabará. Su templo será destruido".

Luego, más allá de eso, Él les habló de los sucesos futuros relacionados con los últimos tiempos.

Dicen las Escrituras: *Él viene con las nubes, y todo ojo lo verá, aun los que lo traspasaron; y todas las tribus de la tierra harán lamentación por Él. Sí. Amén* (Apocalipsis 1:7). Leemos esto en el último libro de la Biblia. Según nuestra cronología, Apocalipsis se escribió cerca del año 96 DC. Lo escribió Juan cuando ya era anciano. Juan escribió sus epístolas en el año 90 DC y el libro de Apocalipsis, unos años después. Y este último libro del volumen inspirado está lleno de testimonio que refiere a la segunda venida de nuestro Señor. Bueno, Jerusalén fue destruida en el año 70 DC. En consecuencia, Jerusalén había sido destruida muchos años antes de que Juan escribiera el libro de Apocalipsis. En ese momento en que escribió Apocalipsis, el momento de la venida del Señor estaba aun en el futuro. Cuando alguien te pregunte sobre esto, puedes decir simplemente: "¿Cómo es que Juan, después de que fuese destruida Jerusalén, da testimonio de la venida del Señor como algo que sucederá en el futuro?".

III

El tercer punto es que la venida del Señor no es la venida del Espíritu Santo. *Les conviene que Yo me vaya; porque si no me voy, el Consolador no vendrá a ustedes; pero si me voy, se lo enviaré"* (Juan 16:7). *Todos fueron llenos del Espíritu Santo y comenzaron a hablar en otras lenguas, según el Espíritu les daba habilidad para expresarse* (Hechos 2:4).

El Espíritu Santo vino en el día de Pentecostés. Entonces, según el argumento de que la venida a la que se hace referencia era la venida del Espíritu, después de que hubiera venido el Espíritu no se hablaría más de la venida de Cristo. ¿Cómo es esto? Porque tras la venida del Espíritu Santo hay mucho más sobre la venida de Cristo de lo que había antes. También: y *Él envíe a Jesús... A Él el cielo debe recibir hasta el día de la restauración de todas las cosas* (Hechos 3:0-21). Pedro fue lleno del Espíritu Santo mientras daba este sermón, y su testimonio dirigiría a las personas al hecho de que Jesús volverá a esta tierra. Ante lo que dice él, entonces, *arrepiéntanse y conviértanse, para que sus pecados sean borrados, a fin de que tiempos de alivio vengan de la presencia del Señor* (Hechos 3:19).

IV

El cuarto punto es que la venida de Cristo es una venida personal y visible. *Mientras ellos relataban estas cosas, Jesús se puso en medio de ellos, y les dijo: "Paz a ustedes... Miren Mis manos y Mis pies, que Yo mismo soy;*

tóquenme y vean, porque un espíritu no tiene carne ni huesos como ustedes ven que Yo tengo..." Ellos le presentaron parte de un pescado asado y Él lo tomó en las manos y comió delante de ellos (Lucas 24:36, 39-40, 42). Era la persona de nuestro Señor resucitado, no una visión. No era algo intangible. Delante de ellos veían a una persona real, viva. *A estos también, después de Su padecimiento, se presentó vivo con muchas pruebas convincentes, apareciéndoseles durante cuarenta días y hablándoles de lo relacionado con el reino de Dios... Después de haber dicho estas cosas, fue elevado mientras ellos miraban, y una nube lo recibió y lo ocultó de sus ojos... les dijeron: Varones galileos, ¿por qué están mirando al cielo? Este mismo Jesús, que ha sido tomado de ustedes al cielo, vendrá de la misma manera, tal como lo han visto ir al cielo* (Hechos 1:3, 9, 11). ¿Podría haber algo más real que eso?

¡Gracias a Dios por los hechos! Demos gracias a Dios porque tenemos un evangelio basado en hechos. Que yo soy pecador es un hecho, y también lo es que tú eres pecador, pecador que merece el infierno, condenado por la ley de Dios. Es un hecho que necesitas un Salvador. Es un hecho que Cristo nació de la virgen María, que vivió en esta tierra, obedeció la ley, fue crucificado bajo Poncio Pilatos, que Su cuerpo literal resucitó, y que ese cuerpo literal ascendió a los cielos. Y es un hecho que los ángeles Le escoltaron y dijeron: *Este mismo Jesús vendrá de la misma manera, tal como lo han visto ir al cielo.* Creamos. Tomemos la Palabra de Dios tal como Dios nos la dio, y no podremos desviarnos entonces.

¿No puede Él regresar, y ser personal y visible en esta tierra si así Le place? Leemos: Y *si me voy y les preparo un lugar, vendré otra vez y los tomaré adonde Yo voy; para que donde Yo esté, allí estén ustedes también* (Juan 14:3). "Me voy", "vendré". Se fue en persona y dice "vendré otra vez". Es el mismo "yo" el que viene. "Si yo me voy, yo vendré". *Pues el Señor mismo descenderá del cielo con voz de mando* (1 Tesalonicenses 4:16). *El Señor **mismo*** (énfasis añadido). ¡Qué bendición! ¡Qué consuelo!

Una anciana agonizaba, y alguien le dijo que pronto vendrían los ángeles a buscarla.

—Oh, no —dijo la mujer,— vendrá el Señor mismo.

No hay otro consuelo para quien de veras ha nacido de Dios. Es el Señor mismo, el que estuvo aquí en forma personal y visible, quien vendrá a llevarse a Sus santos consigo.

V

El quinto punto es que hay tres cosas relacionadas con Su venida, y esto me ayudó a verlo en tres aspectos. Tenemos que dividir la Palabra de Dios de manera correcta. Los humanos que tenemos solamente un casillero y ponemos allí todo lo que hay en la Palabra de Dios, probablemente encontremos que todo se mezcla. El Espíritu Santo nos ha dado tres casilleros: los judíos, los gentiles, y la Iglesia de Dios.

Una porción de la Palabra de Dios es para los unos, otra es para los segundos, y otra más es para el tercer grupo. Quiero en este quinto punto considerar la venida de nuestro Señor en su aspecto concerniente a Israel.

Dicen las Escrituras: *¡Jerusalén, Jerusalén, la que mata a los profetas... no me verán más hasta que digan: "Bendito Aquel que viene en el nombre del Señor"!* (Mateo 23:37, 39). Allí está la despedida final a Israel del Mesías de Israel. Él se retira, poco después es crucificado, y ahora Él es predicado a los gentiles. También: *Porque si el excluirlos a ellos es la reconciliación del mundo, ¿qué será su admisión, sino vida de entre los muertos?* (Romanos 11:15). Y: *Porque no quiero, hermanos, que ignoren este misterio* (Romanos 11:25). ¿Cuántos de nosotros lo ignoramos? Esta frase se utiliza siete veces en el Nuevo Testamento. Hay siete cosas que el Espíritu Santo no quiere que los cristianos ignoren. Oigamos sobre esta: *que a Israel le ha acontecido un endurecimiento parcial hasta que haya entrado la plenitud de los gentiles. Así, todo Israel será salvo, tal como está escrito: "El Libertador vendrá de Sión..."... pero en cuanto a la elección de Dios, son amados por causa de los padres* (Romanos 11:25-26, 28).

Sí, aunque haya quien les desprecie, son amados. Todo judío es objeto del amor especial de Dios. Tal vez esté en la calle Chatham vendiendo viejos pantalones, o mantas ya desteñidas y fregadas, o viejos sombreros. Los judíos tal vez sean despreciados, pero son objeto del amor de Dios. Son la semilla de Abraham, y el Señor Jesucristo los ama. Pablo estaba dispuesto a morir con tal de que pudieran tener la luz del evangelio.

Las Escrituras nos dicen: *En aquel día el Señor defenderá a los habitantes de Jerusalén* (Zacarías 12:8). *El Señor será Rey sobre toda la tierra. En aquel día el Señor será uno, y uno Su nombre* (Zacarías 14:9). Estas palabras no podrían ser más claras, si tan solo la gente las leyera y creyera en lo que lee. Ningún comentador podría explicar el sentido. En una ocasión, John Bunyan estaba estudiando este pasaje, y cuando llegó a las palabras que predicen que los pies del Señor se posarán en el monte de los Olivos razonó: "Hay quienes comentan diciendo que el monte de los Olivos representa al corazón del creyente, que se trata tan solo de una expresión figurativa que significa que el Señor reinará en el corazón del creyente y allí habitará el Espíritu Santo. Pero yo pienso que no quiere decir eso, en absoluto. Pienso que se refiere tan solo al monte de los Olivos, a poco más de tres kilómetros al este de Jerusalén".

Veamos hoy al pobre Israel. La Palabra de Dios en referencia a ellos se está cumpliendo. Están dispersos por todas las naciones. Allí en Nueva Orleáns se lee la siguiente inscripción en un cementerio hebreo, en un cartel ubicado en lo alto y escrito con letras hebreas: "Los dispersos de Judá". Compadezco al creyente que no se conmueva ante eso. Ese día, cuando venga Cristo — ¡oh, qué revelación para Israel!— Jerusalén será reconstruida y reconocerán a Cristo su Mesías. Dirán: "¿Qué son esas heridas en Tus manos?". Y Él dirá: "Me hirieron en la casa de Mis amigos". Y se inclinarán ante Él y Le reconocerán como Rey. Este aspecto de la venida del Señor cumple cada una de las promesas a Abraham, Isaac, Jacob y David.

VI

El sexto punto es el aspecto de la venida del Señor al mundo incrédulo. *Cuando terminaron de hablar,*

Jacobo tomó la palabra y dijo: "Escúchenme, hermanos. Simón ha relatado cómo Dios al principio tuvo a bien tomar de entre los gentiles un pueblo para Su nombre..." (Hechos 15:13-14). Esa es la primera dispensación. No se dice nada acerca de la conversión del mundo. Pero Dios ahora está visitando a los gentiles para tomar de entre ellos un pueblo para Su nombre. *Y reedificaré el tabernáculo de David que ha caído.*

Y reedificaré sus ruinas, y lo levantaré de nuevo (Hechos 15:15-16). *Que ha caído.* ¿A qué se refiere? Leamos toda la profecía a la que pertenece este extracto, y encontraremos una descripción de Israel. Las Escrituras dicen: *Y reedificaré sus ruinas, y lo levantaré de nuevo, para que el resto de los hombres busque al Señor, y todos los gentiles que son llamados por Mi nombre* (Hechos 15:16-17).

Después de que esté reconstruido el tabernáculo de David y se cumplan las promesas a Israel, ¿qué pasará? ¿La destrucción del mundo? No. Habrá una oportunidad para los seres humanos que quedan para que busquen al Señor, y todos los gentiles sabrán de Él: *Pues la tierra se llenará del conocimiento de la gloria del Señor como las aguas cubren el mar* (Habacuc 2:14).

¿Habrá un juicio? Sí, para los que se niegan a arrepentirse, para los que rechazan a Dios, para los que han rechazado a Cristo.

¿Vendrá la destrucción del mundo? No. Habrá un tiempo glorioso en esta tierra. Leemos en las Escrituras: *... cuando el Señor Jesús sea revelado desde el cielo con Sus poderosos ángeles en llama de fuego, dando castigo a los que no conocen a Dios, y a los que no obedecen al* *evangelio de nuestro Señor Jesús. Estos sufrirán el castigo de eterna destrucción, excluidos de la presencia del Señor y de la gloria de Su poder* (2 Tesalonicenses 1:7-9). Hay juicio para los que han rechazado el evangelio. Ellos corren peligro hoy. No me gusta poner mil años entre nosotros y el juicio a los impíos. Creo que hacerlo es un gran error. Los que no se arrepienten están en peligro ahora mismo, y no les estamos advirtiendo como debiéramos. No veo un atisbo de esperanza para los que han oído el evangelio y han tenido privilegios del evangelio y ahora mismo están rechazando a Cristo. El juicio es para ellos, entonces el castigo es para ellos. Veamos Zacarías 14:16: *Y sucederá que todo sobreviviente de todas las naciones que fueron contra Jerusalén subirán de año en año para adorar al Rey, Señor de los ejércitos, y para celebrar la Fiesta de los Tabernáculos.* Cuando aparezca el Señor para establecer Su reino, evidentemente no será destruido el mundo. Hay naciones que quedan y que subirán.

Leemos también: *Y vi las almas de los que habían sido decapitados por causa del testimonio de Jesús Volvieron a la vida y reinaron con Cristo por mil años. Esta es la primera resurrección. Los demás muertos no volvieron a la vida hasta que se cumplieron los mil años. Bienaventurado y santo es el que tiene parte en la primera resurrección. La muerte segunda no tiene poder sobre estos sino que serán sacerdotes de Dios y de Cristo, y reinarán con Él por mil años* (Apocalipsis 20:4-5).

Aquí es donde tenemos el milenio. Ahora vemos el significado del término premilenial. "Pre" significa "antes". La venida premilenial significa que Cristo viene antes del milenio. No habrá milenio hasta tanto

Él no haya venido. Es lo que dicen las Escrituras, claramente. Hay muchos que tienen la idea de que tendremos el milenio gracias a los teléfonos, motores a vapor, veloces barcos que cruzan el Atlántico, y todos los aparatos de la civilización moderna. Imaginan que estas cosas son las que traerán el milenio y que luego, al final del milenio, vendrá Cristo. Pero las Escrituras nos dicen que Cristo viene primero. Tiene que venir antes de Su reinado de mil años. Ha de dar inicio al milenio mediante Su venida. Si la teoría postmilenial es cierta ¿cuándo comenzará el milenio? Por cierto, no ha empezado todavía, ni da muestras de estar llegando. Miremos a Londres, con sus millones en la degradación y el pecado. Miremos a nuestro propio país y sus grandes ciudades como Chicago, con los anarquistas y comunistas propagando sus doctrinas. Si es que el mundo mejorará antes, entonces todavía estamos muy lejos del milenio. Sin embargo, la muerte sí está aquí, y el pecado. Los teléfonos y los veloces barcos no cambian el corazón. Tal vez tengamos una civilización maravillosa, pero eso no es regeneración. El tiempo que describen las Escrituras no ha empezado siquiera a amanecer. Pero vendrá. No nos corresponde conocer los tiempos y temporadas. Pero cuando venga no será por medio de modernos inventos y descubrimientos. El Señor Jesucristo obtendrá la victoria, y a Él será la gloria.

VII

Y ahora ¿cuál es el aspecto de la venida del Señor para Su Iglesia? Ese es mi séptimo punto. Les dijo a los discípulos: *"Vendrán días cuando ustedes ansiarán ver uno de los días del Hijo del Hombre, y no lo verán. Y les dirán: '¡Miren allí! ¡Miren aquí!'. No vayan, ni corran tras ellos. Porque como el relámpago al fulgurar resplandece desde un extremo del cielo hasta el otro extremo del cielo, así será el Hijo del Hombre en Su día"* (Lucas 17:22-24).

Allí está la advertencia para nosotros. Hace algunos años apareció en Jerusalén un hombre que dijo que él era el Señor, y la gente lo seguía. En Cincinnati hubo una mujer que creía que ella era el Señor. Cristo nos advierte que habrá personas que dirán: "¡Miren aquí!" y "¡Miren allí!". Habrá engaños. No tenemos que prestarles atención. El Señor no nos da fechas, sino que nos dice que tan solo estemos vigilantes. Cuando Él venga no habrá engaño; será claro y todos lo entenderán. Será como un relámpago que resplandece en todo el cielo. No nos dejemos llevar por aquellos que ponen fechas y se ocupan de engañar. *"No les corresponde a ustedes saber los tiempos ni las épocas que el Padre ha fijado con Su propia autoridad"* (Hechos 1:7). Detengámonos aquí, viviendo en actitud de expectativa, viviendo en un espíritu de consagración, cumpliendo fielmente la obra de Dios para que estemos preparados para encontrarnos con Él si viniera hoy mismo.

Dicen las Escrituras: *Estén alerta, no sea que sus corazones se carguen con disipación, embriaguez y con las preocupaciones de la vida, y aquel día venga súbitamente sobre ustedes como un lazo; porque vendrá sobre todos los que habitan sobre la superficie de toda la tierra. Pero velen en todo tiempo, orando para que tengan fuerza para escapar de todas estas cosas que están por suceder, y puedan estar en pie delante del Hijo del Hombre* (Lucas 21:34-36). Es allí donde algunos sentimos que tenemos nuestra esperanza del rapto de la Iglesia. Hay quienes piensan que tendremos que pasar tribulaciones – que seremos pasados por el tamiz y puestos a prueba. Pienso que el Señor nos dará disciplina antes de Su aparición. Pero si estamos vigilantes y preparados tendremos "*fuerza para escapar de todas estas cosas*". Veamos 1 Tesalonicenses 4:17-18: *Entonces nosotros, los que estemos vivos y que permanezcamos, seremos arrebatados juntamente con ellos en las nubes al encuentro del Señor en el aire, y así estaremos con el Señor siempre. Por tanto, confórtense unos a otros con estas palabras.* Demos gracias a Dios por el inexpresable consuelo: *los muertos en Cristo se levantarán primero* (1 Tesalonicenses 4:16). Tienes seres queridos que yacen en el cementerio. Sus cuerpos están descansando, esperando la resurrección. A la voz del arcángel se levantarán y recibirán nuevos cuerpos. Han seguido a Jesús en el camino descendente a la tumba y tendrán la delantera, o tendrán cuerpos glorificados antes que nosotros, que tal vez estemos vivos todavía. Pero de inmediato seremos levantados con ellos *al encuentro del Señor en el aire, y así estaremos con el Señor siempre.* Por cierto, en Su gloria estaremos junto con ellos. Cuando Él establezca Su reino en la tierra, Su esposa estará con Él. ¿Dónde estaré yo? Estaré con Cristo, junto con todos los santos, y juzgaremos la tierra. Cuando venga Cristo estaremos con Él, asociados en Su reino.

Por eso, amigos queridos, el aspecto que nos atañe en la aparición de Cristo tiene que ver con:

1. Liberación de este mundo actual de maldad: *Él mismo se dio por nuestros pecados para librarnos de este presente siglo malo, conforme a la voluntad de nuestro Dios y Padre* (Gálatas 1:4).

2. Liberación del juicio. Versículo: *esperar de los cielos a Su Hijo, al cual resucitó de entre los muertos, es decir, a Jesús, quien nos libra de la ira venidera* (1 Tesalonicenses 1:10).

3. Liberación de este cuerpo de corrupción. Leemos: *... la creación misma será también liberada de la esclavitud de la corrupción a la libertad de la gloria de los hijos de Dios... aun nosotros mismos gemimos en nuestro interior, aguardando ansiosamente la adopción como hijos, la redención de nuestro cuerpo* (Romanos 8:21,23).

4. La reunión de los seres amados. Muchas de nuestras familias han sido dispersas. Nuestros seres queridos están lejos, pero cuando venga Cristo habrá una gran reunión familiar.

5. Ver a Jesús: *Amados, ahora somos hijos de Dios y aún no se ha manifestado lo que habremos de ser. Pero sabemos que cuando Cristo se manifieste, seremos semejantes a Él, porque lo veremos como Él es* (1 Juan 3:2).

Me gusta la idea de que nuestra unión con Cristo es una unión real. Me interesa todo lo que concierne a mí mismo y a Cristo, y todo lo que Le interesa a Cristo. Y me importa todo lo que esté en relación con esta venida de Cristo, en relación con el establecimiento de

Su reino en la tierra y en relación con la manifestación de Su gloria. ¡Oh, qué egoísta y vano, qué angosto es el alcance de la visión del que solamente puede pensar en estas cosas en relación con su miserable ser y persona! Estas cosas están relacionadas con la gloria del Señor Jesucristo. En el monte de los Olivos, cuando se burlaron poniendo un falso cetro en Su mano y Le escupieron y se rieron de Él, ese mismo lugar será donde vendrá Cristo y se hará manifiesto en Su gloria. La gloria es toda Suya. Y tú, pobre, miserable y egoísta hombre o mujer, ¿piensas que Cristo murió simplemente para evitar que vayas al infierno, nada más que para que tú seas feliz? La Biblia te dice desde el principio hasta el final que tu salvación no es meramente tu salvación, sino además para que Jesucristo pueda ser glorificado. Tu perdón muestra Su gracia; tu santificación muestra Su santidad; tu resurrección muestra Su poder; y que tú seas glorificado es para reflejar Su gloria. Todo tiene que ver con Él. Y como tiene que ver con Él, debiera interesarnos y tener que ver con nosotros. Y debiéramos amar — ¡y en qué medida!— Su gloriosa aparición.

Capítulo 6

Bendita esperanza

Por George C. Needham

M ás allá del significado que podamos darle al suceso profético que presentan las Escrituras como la segunda venida de nuestro Señor, hemos de observar que con frecuencia se la califica específicamente como esperanza. Y como la esperanza implica expectativa, la convicción de algo que todavía no se cumplió, ese término por sí solo designa la segunda venida como algo futuro.

La esperanza es lo opuesto a la desesperanza. Tiene un objeto definido en vista, y según ese objeto se entienda como cercano o remoto, el alma entonces oscila entre el deleite y el desánimo. La bendita esperanza y la venida en gloria de nuestro Señor Jesucristo no debieran ser relegadas a las regiones del misterio. ¿Cómo podría una esperanza ser valiosa si se trata de algo incierto, indefinido, lejano, una teoría no esencial que resulta aparecer así, nomás, en la Biblia? En cincuenta y tres lugares en los que la Palabra divina refiere a la esperanza, hay una relación especial con bendiciones futuras que coronarán al creyente cristiano cuando aparezca Jesucristo. Podemos analizar algunas de estas instancias:

1. Es una bendita esperanza

Versículo: *aguardando la esperanza bienaventurada y la manifestación de la gloria de nuestro gran Dios y Salvador Cristo Jesús* (Tito 2:13).

Una esperanza bienaventurada es una esperanza feliz. La palabra hace referencia al disfrute interno, separado del ambiente externo. Las expectativas implícitas en tal esperanza hacen que sepamos que todos los problemas actuales de pruebas o depresión *no son dignos de ser comparados con la gloria que nos ha de ser revelada. Porque el anhelo profundo de la creación es aguardar ansiosamente la revelación de los hijos de Dios* (Romanos 8:18-19).

2. Es una esperanza purificadora

Leemos lo siguiente: *Y todo el que tiene esta esperanza puesta en Él, se purifica, así como Él es puro* (1 Juan 3:3).

Así como el lino se blanquea bajo el sol, la luz de esta esperanza limpia la vida quitándole las manchas del mundo. Afloja la garra con que nos aprietan las cosas de la tierra.

Aquel que tiene una mansión magnífica en alguna hermosa ubicación y solo se queda en un hotel de la ciudad durante unos días hasta que pueda ir a casa, no querrá gastar de su tiempo y su dinero en decoración elaborada para su alojamiento temporario en esa ciudad que no es la suya. Si compra adornos o cuadros, lo que piensa es: "los llevaré a casa". El cristiano, que se considera aquí un peregrino y forastero, no tendrá muchos deseos de usar sus energías para cosas que atañen meramente a lo terrenal. Su ciudad y su hogar están más allá. Lo que más le importará será [acumular] *tesoros en el cielo* (Mateo 6:20).

3. Es una esperanza pacificadora

Las Escrituras dicen: *Por tanto, hermanos, sean pacientes hasta la venida del Señor. Miren cómo el labrador espera el fruto precioso de la tierra, siendo paciente en ello hasta que recibe la lluvia temprana y la tardía. Sean también ustedes pacientes. Fortalezcan sus corazones, porque la venida del Señor está cerca* (Santiago 5:7-8).

En el poder que tiene esta esperanza toda cuestión de provocación puede dejarse de lado pacientemente, para que el Señor la resuelva a Su llegada. El hijo de Dios que se satura con esta esperanza estará dispuesto a renunciar a todo derecho de auto-reivindicación, sabiendo que no quedará sin recompensa *su trabajo de amor y la firmeza de su esperanza en nuestro Señor Jesucristo* (1 Tesalonicenses 1:3).

4. Es una esperanza que consuela y conforta

Leemos: *Pero no queremos, hermanos, que ignoren acerca de los que duermen, para que no se entristezcan como lo hacen los demás que no tienen esperanza* (1 Tesalonicenses 4:13).

Esta esperanza tiene un lustre, un brillo, que se hace más evidente y visible en la consolación que les da a quienes están llamados a despedir a sus seres queridos a causa de la muerte. El incrédulo sepulta a sus muertos sin expectativa cierta o definida de volver a verlos. Porque en ningún esquema de la filosofía humana hay indicio siquiera de la verdad de la resurrección. Definitivamente, sin embargo, las Escrituras lo prometen: *Porque si creemos que Jesús murió y resucitó, así también Dios traerá con Él a los que durmieron en Jesús* (1 Tesalonicenses 4:14). Finalmente, tras explicarles esto a los cristianos tesalonicenses, y mostrándoles la inmensa ventaja que tenían por sobre los paganos que nada sabían de la venida en majestad de Jesucristo, o de la resurrección, Pablo añade: *Por tanto, confórtense unos a otros con estas palabras* (1 Tesalonicenses 4:18).

5. Es una esperanza gloriosa

Las Escrituras dicen: *Porque nuestra ciudadanía está en los cielos, de donde también ansiosamente esperamos a un Salvador, el Señor Jesucristo, el cual transformará el cuerpo de nuestro estado de humillación en conformidad al cuerpo de Su gloria, por el ejercicio del poder que tiene aun para sujetar todas las cosas a Él mismo* (Filipenses 3:20-21). Y *Por la fe Abraham, cuando fue probado, ofreció a Isaac; y el que había recibido las promesas ofrecía a su único hijo. Fue a él a quien se le dijo: "En Isaac te será llamada descendencia". Él consideró que Dios era poderoso para levantar aun de entre los muertos, de donde también, en sentido figurado, lo volvió a recibir* (Hebreos 11:17-19, 35).

Esta esperanza no tendría sentido separada del lugar y las circunstancias a las que está anclada. Sobrepasa el tiempo y el espacio, hacia el período en que Jesucristo mismo será glorificado como Rey de reyes según el eterno propósito del Padre.

Promesas

Esta bendecida esperanza abarca varias glorias prometidas:

1. Estaremos con Cristo. No como en la muerte, donde se nos dice que *gemimos, anhelando ser vestidos con nuestra habitación celestial* (2 Corintios 5:2). En un sentido real *lo veremos como Él es* (1 Juan 3:2) y nosotros mismos seremos como Él, en lo personal y moral.

2. Estaremos más allá del pecado. Hoy gemimos anhelando la liberación. El dolor y la maldición nos rodean. La consumación de esa esperanza le traerá plena redención al cuerpo.

3. Conoceremos del mismo modo en que somos conocidos. *Porque ahora vemos por un espejo,*

veladamente, pero entonces veremos cara a cara. Ahora conozco en parte, pero entonces conoceré plenamente, como he sido conocido (1 Corintios 13:12).

¡Qué gozo es tener la esperanza de llegar a ser algún día expertos en todo conocimiento; entender los misterios de la ciencia, las maravillas de la astronomía, los secretos de la naturaleza, y las mayores profundidades del alma!

¿Cuál debiera ser nuestra actitud en el presente?

Deberíamos estar buscando esa bendecida crisis. Es decir, esperándola con deseo. Deberíamos estar orando por ella, y buscando que se apresure a venir. Deberíamos anhelar su consumación mediante nuestro esfuerzo de fidelidad personal para con todo lo que involucra. Deberíamos amarla. Si amamos a la simiente de Abraham, si amamos a las bestias creadas que cargamos con peso y amamos la naturaleza creada, si amamos a las naciones gentiles paganas que nada saben de un Salvador, entonces con gozo debiéramos abrazar esta esperanza también por todos ellos. Porque es la esperanza que traerá al judío su Mesías, a la criatura su emancipación del dominio del ser humano que la explota, a la muda naturaleza su libertad de espinas y cardos, al idólatra pagano el conocimiento del verdadero Dios viviente, y a la esposa que espera la presencia personal del Esposo celestial. ¡Sí! Traerá a Jesús Su reino, corona, y trono.

Capítulo 7

La segunda venida de Cristo

Por Charles H. Spurgeon

En la historia de nuestro Salvador hay cuatro grandes sucesos que brillan y resplandecen. Todas las mentes cristianas se deleitan en pensar en Su nacimiento, Su muerte, Su resurrección y Su ascensión. Estos son cuatro peldaños en esa escalera de luz cuyo pie está sobre la tierra pero que llega a los cielos en su extremo superior. No podemos darnos el lujo de dejar de lado ninguno de esos cuatro sucesos, y tampoco sería beneficioso para nosotros olvidar o subestimar el valor de alguno de ellos. Que el Hijo de Dios naciera de una mujer crea en nosotros el intenso deleite de la hermandad, que surge de una humanidad en común. Que Jesús sufriera hasta la muerte por nuestros pecados y así hiciera plena propiciación por nosotros, constituye el reposo y la vida de nuestro espíritu. El pesebre y la cruz, juntos, son divinos sellos de amor. Que el Señor Jesús resucitara de entre los muertos es la garantía de nuestra justificación, y también una maravillosa certeza trascendental de la resurrección de todo Su pueblo, y de su vida eterna en Él. ¿No dijo Cristo: *"porque Yo vivo, ustedes también vivirán"* (Juan 14:19)? La resurrección de Cristo es la estrella de la mañana de nuestra gloria futura. Igual deleite nos causa recordar Su ascensión. No hay canción más dulce que esta: *Tú has ascendido a lo alto, has llevado en cautividad a Tus cautivos; has recibido dones entre los hombres, y aun entre los rebeldes, para que el Señor Dios habite entre ellos* (Salmos 68:18).

Cada uno de estos cuatro sucesos señala a los otros, y en conjunto todos llevan a este punto. El quinto eslabón en la cadena de oro es la segunda y más gloriosa venida de nuestro Señor. Poco se menciona entre Su ascenso y Su descenso. Es verdad que entre ambos sucesos hay una rica historia pero se encuentra en un valle, entre dos montañas estupendas: pasamos de un pico al otro mientras atravesamos ese valle en meditación, desde la ascensión a la segunda venida.

Digo que cada uno de los anteriores cuatro sucesos apunta a este punto. Si Él no hubiera venido la primera vez en humillación, nacido bajo la ley, no podría venir la segunda vez en maravillosa gloria *sin una ofrenda propiciatoria para la salvación*. A causa de que Él murió una vez, nos regocijamos en que Él no muera más. La muerte ya no tiene dominio sobre Él y por eso Él viene a destruir a ese último enemigo al que ya ha conquistado. Es nuestro gozo sentir, cuando pensamos en nuestro Redentor resucitado, que a consecuencia de Su resurrección sonará seguramente la trompeta del arcángel para despertar a todos los de Su pueblo que duermen, cuando *el Señor mismo descenderá del cielo con voz de mando* (1 Tesalonicenses 4:16). En cuanto a Su ascensión, Él no podría descender por segunda vez si no hubiese ascendido primero; pero habiendo perfumado los cielos con Su presencia, y tras preparar un lugar para Su pueblo, podemos con razón esperar que Él venga de nuevo y nos reciba para Sí, que donde Él esté también podamos estar nosotros.

El Señor vendrá de nuevo

Él vendrá de nuevo porque nos ha prometido que volverá. Nos ha dado Su palabra. Es esa nuestra primera razón para esperarlo. Entre las últimas palabras que Él le dijo a Su siervo Juan, están: *"Sí, vengo pronto"* (Apocalipsis 22:20). Podemos leerlo así: "Vengo pronto. Ya estoy en camino. Viajo tan rápido como lo permite la sabiduría. Siempre estoy viniendo, viniendo pronto".

Algunos intentan explicar la segunda venida de Cristo como si significara la muerte del creyente. Si se quiere, uno podría considerar que Cristo les viene a Sus santos en la muerte. En cierto sentido sí lo hace, pero ese sentido jamás reflejaría el pleno sentido de la enseñanza de la segunda venida que tantas veces enseñan las Escrituras. No. *Pues el Señor mismo descenderá del cielo con voz de mando, con voz de arcángel y con la trompeta de Dios* (1 Tesalonicenses 4:16).

Por cierto Cristo estará de nuevo aquí en gloria, tal como estuvo aquí en vergüenza. Les aseguró varias veces a Sus discípulos que si Se iba, volvería con ellos; y nos dejó la Cena del Señor como muestra de despedida, para que la observáramos hasta que Él venga. Cada vez que partimos el pan recordamos el hecho de que, aunque es una muy bendecida ordenanza, es solamente temporaria y dejará de celebrarse cuando nuestro Señor ausente vuelva a estar presente con nosotros.

Él prometió que moriría en la cruz y resucitaría al tercer día, y cumplió Su palabra. Creamos en Su promesa de que volverá.

Además, el gran plan de redención requiere el regreso de Cristo. Forma parte de ese plan el hecho de que Él vino antes con una ofrenda propiciatoria, y que ha de venir por segunda vez sin una ofrenda propiciatoria; que así como vino una vez para redimir, venga por segunda vez para reclamar la herencia que compró a tan alto precio. Antes vino para que fuese herido Su talón; vendrá de nuevo para herir la cabeza de la serpiente y con vara de hierro destrozar en pedazos a sus enemigos como si fueran vasijas de arcilla. Antes vino para llevar una corona de espinas; tiene que volver para llevar puesta la diadema del dominio universal. Viene al banquete de bodas. Viene a reunir a Sus santos. Viene a glorificarlos con Él en esta misma tierra donde Él y ellos sufrieron el desprecio y el rechazo de los hombres. Tengamos esto por cierto, que toda esta obra de la redención no podrá ser perfecta sin este último acto de la venida del Rey.

La historia completa del Paraíso Recuperado requiere que la Nueva Jerusalén descienda de Dios desde el cielo preparada como esposa adornada para su esposo, y requiere también que el Esposo celestial venga montado en Su caballo blanco, conquistando y para conquistar, Rey de reyes y Señor de señores, en medio de los eternos aleluyas de los santos y los ángeles. Así tiene que ser. El Hombre de Nazaret vendrá de nuevo. Entonces, nadie escupirá Su rostro, sino que toda rodilla se doblará ante Él. El Crucificado vendrá de nuevo y aunque sean visibles las marcas de los clavos no habrá clavos que sujeten Sus amadas manos al madero entonces; más bien, Él tomará el cetro de la soberanía universal, y reinará por los siglos de los siglos. ¡Aleluya!

Y *Él viene con las nubes, y todo ojo lo verá* (Apocalipsis 1:7). No es "tal vez, venga" o "quizá pueda aparecer". *Todo ojo lo verá* es una afirmación dogmática de absoluta certeza, concretada por el corazón del hombre que la proclamó. *Todo ojo lo verá*. Todos los profetas dicen que vendrá. Desde Enoc hasta el último profeta que habló por inspiración, todos declaran: "*El Señor vino con muchos millares de Sus santos*" (Judas v. 14). No hallaremos a uno solo de los que hablaron con la autoridad de Dios que no afirmara, directa o indirectamente, la venida del Hijo del Hombre cuando las multitudes nacidas de mujer serán llamadas a Él para recibir la recompensa de sus acciones. Todas las promesas funcionan con este pronóstico: *Viene…y todo ojo lo verá*.

¿Qué hay, que pudiera obstaculizar la venida de Cristo? Al estudiar y pensar en esta palabra de *vendrá y todo ojo lo verá*, me dije: "Sí, vendrá en verdad. ¿Qué podría impedirlo?" Su corazón está con Su Iglesia aquí en la tierra. En el lugar donde Él peleó la batalla desea celebrar la victoria. Sus deleites están con los hijos de los hombres. Todos Sus santos están esperando el día de Su aparición, y Él también lo está esperando. La tierra misma, en su pena y sus gemidos, anhela Su venida, que será su redención. La creación ha de estar sujeta a lo vano durante un tiempo, pero cuando el Señor venga de nuevo la creación misma también será liberada, de la esclavitud de la corrupción a la gloriosa libertad de los hijos de Dios. Podemos preguntar si Él vendría una segunda vez si no hubiera venido ya la primera, pero si vino a Belén tengamos la seguridad de que Sus pies se posarán sobre el monte de los Olivos. Si vino a morir, no dudemos que vendrá a reinar. Si vino a ser despreciado y rechazado por los hombres ¿por qué dudaríamos que Él vendrá para ser admirado por todos aquellos que creen?

¿Cuándo?

¿Cuándo vendrá? Ah, esa es la cuestión. Es la pregunta de todas las preguntas. Vendrá a Su tiempo. Vendrá cuando sea el momento debido.

Un ministro compañero mío vino de visita, y sentado junto a mí, me dijo:

— Me gustaría hacerte muchas preguntas sobre el futuro.

— ¡Oh, bueno! —respondí. — No puedo contestar tus preguntas porque creo que no sé más que tú sobre eso.

— Pero ¿qué hay de la segunda venida del Señor?— dijo él. — ¿No vendrá primero el milenio?

Le dije:

— No sé si vendrá primero el milenio. Pero sí sé

esto: que las Escrituras han dejado todo el asunto, por lo que puedo ver, con intencional indefinición para que siempre podamos estar esperando que Cristo venga, y para que estemos vigilantes, esperando Su venida a cualquier hora y a toda hora. Creo que el milenio comenzará después de Su venida, y no antes. No puedo imaginar el reino en ausencia del Rey. Me parece que es una parte esencial de la gloria del milenio que el Rey deba ser revelado; al mismo tiempo, no afirmaré nada definido en cuanto a esto. Tal vez no venga en mil años; o podría venir esta noche. La enseñanza de las Escrituras es, ante todo: *porque a la hora que no piensan vendrá el Hijo del Hombre* (Mateo 24:44). Está claro que si se nos revelara que habrían de pasar mil años antes de que Él viniese, bien podríamos irnos a dormir durante ese tiempo porque no tendríamos razón para esperar que viniera cuando las Escrituras dijesen que no vendrá.

— Bien —contestó mi amigo, —pero cuando Cristo venga, será el juicio general ¿verdad?

Entonces cité estos textos: *los muertos en Cristo se levantarán primero* (1 Tesalonicenses 4:16); *Esta es la primera resurrección. Los demás muertos no volvieron a la vida hasta que se cumplieron los mil años* (Apocalipsis 20:5), y dije:

— Hay una resurrección de entre los muertos que el apóstol Pablo se esforzaba por conseguir. Todos resucitaremos, pero los justos resucitarán mil años antes que los que no son de Dios. Habrá ese intervalo de tiempo entre unos y otros; y si se trata de la gloria del milenio, o no, el que da este testimonio no lo define, aunque piensa que sí lo es. Pero el punto principal es este: el Señor vendrá. No sabemos cuándo será Su venida. No tenemos que afirmar como absolutamente definida ninguna predicción o circunstancia que nos permitiera dormir hasta tanto se cumpliera tal predicción o se hiciera aparente tal circunstancia.

— ¿No se convertirán a Cristo los judíos y volverán a su tierra? — preguntó mi amigo.

Respondí:

— Sí, eso creo. Por cierto, mirarán a Aquel que fue clavado y llorarán por Él como se llora a un único hijo; y Dios les dará el reino y la gloria porque son Su pueblo, al que Él no ha echado por siempre. Los judíos, que son las ramas naturales del olivo, volverán a ser injertados en su árbol de olivo y luego vendrá la plenitud de los gentiles.

— ¿Eso será antes de que venga Cristo, o después? — quiso saber mi amigo.

—Pienso que será después de que Él venga; pero sea así o no, no voy a comprometerme con ninguna opinión definitiva sobre el tema — respondí.

Les digo esto, amigos: lean y busquen por sí mismos; porque esto es lo que sigue estando por sobre todo y es la única cosa en la que insistiré: el Señor vendrá. Podría venir ahora; podría venir mañana; podría venir al anochecer, o en medio de la noche, o tal vez esperaría hasta el amanecer. La palabra que Él nos da a todos es: "¡Velad!", para que cuando Él venga estemos preparados, y digamos como el himno:

¡Aleluya!
¡Bienvenido, bienvenido, Juez divino!

Por lo que sé, hasta hoy somos bíblicos y por ello nos mantenemos perfectamente a salvo en nuestras afirmaciones sobre la segunda venida del Señor.

Su venida se concretará de manera vívida

Creo que veo al apóstol Juan. Está en el espíritu pero de repente parece despertar con su atención agudizada, más solemne. Su mente está más despierta que nunca, aunque siempre fue un hombre de ojos brillantes y que podía ver a lo lejos. Le comparamos siempre con el águila por la altura de su vuelo y su visión tan afilada. Pero de repente pareciera ponerse en alerta con una visión más asombrosa. Y clama: "¡Vean! ¡Vean!". Porque ha visto a su Señor. No dice: "Vendrá en algún momento", sino "Puedo verlo. Él está viniendo ahora". Evidentemente, ha visto la segunda venida. Ha concebido la segunda venida del Señor de tal modo que para él es un hecho; un asunto del que hay que hablar, e incluso tiene que escribirlo. *¡Vean, Él está viniendo!* Tú o yo, ¿hemos concebido de manera tan plena la venida de Cristo?

Hermanos y hermanas, les invito a concebirla así. Deseo que podamos hacerlo juntos, hasta que al salir de la casa nos digamos los unos a los otros: *"¡Miren, Él está viniendo!"*.

Después de que el Señor hubiera resucitado, un hombre le dijo a su amigo: *Es verdad que el Señor ha resucitado* (Lucas 24:34). Quiero que ahora sientan esa certeza de que es verdad que el Señor viene, y que se lo digan los unos a los otros.

Todo ojo Le verá

Las Escrituras dicen: *Él viene con las nubes, y todo ojo lo verá, aun los que lo traspasaron* (Apocalipsis 1:7).

A partir de esta expresión entiendo que será una aparición literal, visible. Si la segunda venida fuese una manifestación espiritual que percibiera la mente humana, la frase diría: "toda mente Le percibirá". Pero no es así, porque leemos *"todo ojo lo verá"*. Ahora, la mente puede ver lo espiritual, pero el ojo solo puede ver lo que es visible, material y tangible. El Señor Jesucristo no vendrá espiritualmente, porque en ese sentido Él siempre está aquí. Vendrá en realidad, en sustancia, porque todo ojo Le verá. Eso incluye a esos ojos no espirituales que Le miraron con odio y Le traspasaron. No te apartes de esto y sueñes, diciéndote: "Oh, en todo esto hay un sentido espiritual". No destruyas la enseñanza del Espíritu Santo con la idea de que habrá una manifestación espiritual del Cristo de Dios y que Su aparición literal está fuera de la cuestión. Eso alteraría el registro. El Señor Jesús vendrá a la tierra por segunda vez de manera tan literal como vino la primera vez. El mismo Cristo que comió un poco de pescado asado y algo de miel después de resucitar de entre los muertos, ese mismo que dijo: *"Miren Mis manos y Mis pies, que Yo mismo soy; tóquenme y vean, porque un espíritu no tiene carne ni huesos como ustedes ven que Yo tengo"* (Lucas 24:39) es el mismo Jesús con un cuerpo material que vendrá en las nubes del cielo. Del mismo modo en que ascendió, descenderá. Le veremos, literalmente. Esas palabras sinceramente no pueden entenderse de otro modo.

Todo ojo lo verá. Sí, yo espero ver literalmente a mi Señor Jesús con mis ojos, así como el santo Jacob, que hace tanto tiempo se durmió, creyendo que aunque los gusanos devorasen su cuerpo él vería a Dios hecho carne, a ese Dios sus ojos verían y no, a otro. Habrá una resurrección real del cuerpo, aunque haya muchos hoy que lo pongan en duda. Será una resurrección de tal manera que veremos a Jesús con nuestros propios ojos. No nos encontraremos en algún lugar de ensueño y sombras con ficciones que flotan, donde podamos percibir pero no podamos ver. No seremos una nada aérea, misteriosa, vaga e impalpable. Literalmente veremos a nuestro glorioso Señor, cuya aparición no será un espectáculo con fantasmas ni una danza en las sombras. Jamás habrá un día más real que el día del juicio, ni se verá algo tan verdadero como el Hijo del Hombre en el trono de Su gloria. ¿Se llevarán ustedes esta afirmación consigo para que puedan sentir su potencia? Nos estamos alejando demasiado de los hechos en nuestros días, y nos metemos demasiado en el plano de los mitos y las ideas. *Todo ojo lo verá.* No habrá engaño en esto.

Observemos que Le verán toda clase de personas vivas. *Todo ojo lo verá*: el rey y el campesino, el más instruido y el más ignorante. Lo que antes estaban ciegos verán cuando Él aparezca. Recuerdo a un hombre que había nacido ciego y amaba a nuestro Señor con gran intensidad, y alababa dando gloria porque sus ojos habían sido reservados para su Señor. Decía: "La primera persona a la que veré será el Señor Jesucristo. Lo primero que verán mis ojos al abrirse será al Hijo del Hombre en Su gloria".

Poco placer les dará esto a los ojos que están llenos de inmundicia y orgullo; no es una vista que les interese, pero tendrán que verlo, quieran o no. Hasta entonces habrán mantenido los ojos cerrados a las cosas buenas, pero cuando venga Jesús tendrán que verlo a Él. No podrán esconderse ni ocultarlo a Él de su vista. Tendrán temor de lo que ven, pero lo verán así como el sol brilla sobre el ladrón que se deleita en la oscuridad. Estarán obligados en su angustia a reconocer que ven al Hijo del Hombre. Les abrumará tanto lo que ven que no podrán negarlo.

Le verán los que han muerto hace mucho tiempo. ¡Qué vista será esta para Judas, para Pilatos, para Caifás y para Herodes! ¡Qué vista será esta para los que durante su vida dijeron que no había un Salvador y que no lo necesitaban, o que Jesús no era más que un hombre y que Su sangre no fue propiciación por el pecado! Los que se burlaron de Él y Le despreciaron han muerto ya hace mucho tiempo, pero resucitarán y se levantarán a su herencia junto con el resto, para ver que Aquel contra quien blasfemaron viene sentado en las nubes del Cielo. A los prisioneros les perturba ver al juez. La trompeta del tribunal no suena a música en los oídos de los criminales. Pero hay que oírla. ¡Oh, pecador que no te arrepientes! Incluso en tu sepultura deberás oír la voz del Hijo de Dios, y vivir y salir de la tumba para recibir lo hecho cuando estabas en tu cuerpo, sea bueno o malo. La muerte no puede ocultarte, ni la bóveda esconderte, ni la podredumbre o la descomposición librarte de esto. Tendrás que ver en tu cuerpo al Señor que te juzgará, a ti y a tus amigos.

La negación – la vida – la vista

Leemos en las Escrituras: *Porque la gracia de Dios se ha manifestado, trayendo salvación a todos los hombres, enseñándonos, que negando la impiedad y los deseos mundanos, vivamos en este mundo sobria, justa y piadosamente, aguardando la esperanza bienaventurada y la manifestación de la gloria de nuestro gran Dios y Salvador Cristo Jesús. Él se dio por nosotros, para redimirnos de toda iniquidad y purificar para Sí un pueblo para posesión Suya, celoso de buenas obras* (Tito 2:11—14).

Vemos aquí tres palabras: *negando, vivamos,* y *aguardando.*

Cuando el Espíritu Santo entra en el corazón, encuentra que somos orgullosos, altaneros. Aprendimos lecciones de sabiduría terrenal y política carnal que tenemos que desaprender y negar.

¿Qué es lo que tenemos que negar? Ante todo, tenemos que negar el rechazo a Dios. Es una lección que muchos necesitan aprender. Escuchemos al que trabaja: "Oh", dirá, "tengo mucho trabajo y no puedo pensar en Dios o en la religión".

¡Eso es rechazar a Dios! La gracia de Dios nos enseña a negar esto y por tanto, a despreciar ese ateísmo.

Otros, que prosperan en el mundo, claman: "Si tuvieras tantos negocios de qué ocuparte como tengo yo, no tendrías tiempo para pensar en tu alma o en otro mundo. Tratar de luchar con la competencia de los tiempos no me deja oportunidad para orar o leer la Biblia. Ya bastante tengo con la contabilidad de mis negocios".

¡Eso también es rechazar a Dios! La gracia de Dios nos lleva a negar esto, a aborrecer esta actitud de olvidarse de Dios. No podemos olvidarnos de Dios impunemente. Si Le tratamos como si Él fuera una nada, y Le quitamos de nuestros cálculos de la vida, cometeremos un error fatal. Amigos, hay un Dios, y tan cierto como que estás vivo rendirás cuentas ante Él. Cuando el Espíritu de Dios llega con la gracia del evangelio, elimina nuestro habitual rechazo a Dios y hace que lo descartemos con alegre sinceridad.

Lo siguiente que negamos son los deseos terrenales, las lujurias del mundo o la época actual. La lujuria de los ojos, la lujuria de la carne, y el orgullo de la vida siempre están con nosotros. Allí donde la gracia de Dios llega con efectividad, esa persona de vida disoluta negará los deseos de la carne, y el que sentía ansias por el oro podrá conquistar su codicia. El orgulloso se apartará de sus ambiciones, el ocioso se volverá diligente, y esa mente imprudente a la que solo le importan las frivolidades de la vida, se volverá sobria. La gracia de Dios nos ha hecho negar las filosofías, glorias, dichos y modas que prevalecen en este mundo en que vivimos hoy.

Pero entonces, hermanos, no puede uno llegar a ser pleno con una religión meramente negativa; hay que tener algo positivo. Y así, la siguiente palabra es *vivir*, vivir con sensatez, con justicia y amor a Dios en esta época actual. Observen, hermanos, que el Espíritu

Santo espera que vivamos en este mundo actual y por eso no hemos de excluirnos de éste. Esta época es el campo de batalla en el que ha de pelear el soldado de Cristo. La sociedad es el lugar en el que el cristianismo ha de exhibir las gracias de Cristo. Será inútil que hagas planes para escapar de ello. Estás destinado a enfrentar este torrente y a navegar con todas sus olas. Si la gracia de Dios está en ti, esa gracia es para que la vean, no en un lugar selecto y recluido sino en este mundo actual.

Se describe esta vida de tres maneras. Ante todo, hemos de vivir con sensatez aplicada a nuestras vidas. Con sensatez en la forma en que comemos y bebemos, en la forma en que satisfacemos todos los apetitos del cuerpo, de más está decirlo. Hemos de vivir con sobriedad en todo lo que pensemos, todo lo que hablemos, en todas nuestras acciones. Tiene que haber sobriedad en cada cosa que emprendamos en este mundo. Y debemos andar con mesura, con límites auto-impuestos. El hombre disciplinado por la gracia de Dios se vuelve considerado, contenido en su conducta, y ya no se deja llevar de aquí para allá por la pasión, ni sigue los vaivenes de los prejuicios.

En cuando al prójimo, el creyente vive con justicia. No logro entender al cristiano que es capaz de hacer algo sucio en los negocios. Si se tiene la intención de ir por donde quiere el diablo, entonces mejor será que se diga y se acepten las consecuencias; pero si profesamos servir a Dios neguemos toda asociación con lo que sea injusto. La deshonestidad y la falsedad se oponen a los caminos de Dios. El cristiano podrá ser pobre, pero tiene que vivir en rectitud y justicia; tal vez le falte agudeza, pero no puede faltarle la integridad. Decir que uno es cristiano y vivir sin rectitud y justicia equivale a mentir. La gracia ha de disciplinarnos para vivir en rectitud y justicia.

En cuanto a Dios, se nos dice que hemos de seguirle. Todo el que tiene en sí la gracia de Dios, de hecho y por cierto tendrá a Dios en la más alta consideración y buscará ante todo el reino de Dios y Su justicia. Dios entrará en todos sus cálculos y planes; la presencia de Dios será su gozo, la fuerza de Dios será su seguridad y confianza, la providencia de Dios será su herencia, la gloria de Dios será el propósito principal de su ser, y la ley de Dios será la guía de su conversación. Ahora, si la gracia de Dios que tan claramente se ha aparecido a todos los hombres, realmente ha venido sobre nosotros con su sagrada disciplina, nos enseñará a vivir con estos tres lineamientos como guía.

Y también está la palabra *aguardando* junto a la palabra vida. Es obra de la gracia de Dios el hacer que aguardemos la *esperanza bienaventurada y la manifestación de la gloria de nuestro gran Dios y Salvador Cristo Jesús.* No es una esperanza de deuda sino de gracia, porque aunque nuestro Señor nos dará una recompensa, no será según la ley de las obras. El Señor viene, y en la venida del Señor está la más grande esperanza del creyente, su más grande estímulo para vencer el mal y su principal incentivo para perfeccionar la santidad en el temor del Señor. ¡Oh, que Dios nos conceda el hallarnos sin culpas en el día de la manifestación de nuestro Señor!

Estemos preparados

Ruego que nos dispongamos a encontrarnos con nuestro Señor cuando regrese.

¿De qué manera nos preparamos para encontrarnos con Jesús? Si el que viene es el mismo Jesús que partió, entonces hagamos lo que Él estaba haciendo antes de partir. Si es el mismo Jesús el que viene, no hay posibilidad de que nos pongamos en otra postura más que aquella que Él aprobará al hacer lo bueno. Si quieres encontrarte con Él en gozo, entonces sírvele con sinceridad. Si el Señor Jesucristo fuese a venir hoy, me gustaría que Él me encontrara estudiando, orando o predicando. ¿No te gustaría que Él te encontrara en la escuela dominical, en tu clase, o allí afuera en una esquina de la calle predicando, o haciendo lo que sea que es tu privilegio hacer en Su nombre? ¿Querrías encontrarte con tu Señor siendo ocioso? Ni lo pienses.

Fui a visitar un día a una señora, miembro de mi iglesia, y la encontré lavando la escalera del frente de su casa. Se levantó, confundida, y dijo:

— Oh, caballero, no sabía que iba a venir usted a verme hoy. Me habría preparado si lo hubiese sabido.

— Querida amiga, no podría estar usted mejor preparada. Está cumpliendo con su deber como buena ama de casa, y que Dios la bendiga en ello — le contesté.

No tenía dinero como para pagar a alguien que sirviera en su casa, por lo que cumplía con su deber al mantener prolijo su hogar. Pensé que se veía más bella con ese cubo de agua a su lado que si hubiese estado vestida a la última moda. Le dije:

— Cuando venga de repente el Señor Jesucristo, espero que me encuentre haciendo lo que está haciendo usted: cumpliendo con mi deber del momento.

Quiero que todos ustedes tomen sus cubos de agua, sin sentir vergüenza. Sirvan al Señor de alguna manera. Sírvanle siempre. Sírvanle intensamente. Sírvanle más y más. Vayan mañana a servir al Señor allí en la tienda, en el taller, o en el campo. Vayan y sirvan al Señor ayudando al pobre y al necesitado, a la viuda, al huérfano. Sírvanle enseñando a los niños, en especial esforzándose por enseñar a sus propios hijos. Vayan y muéstrenle al borracho que en Cristo hay esperanza para él, o enséñenle a la mujer de mala vida que Jesús puede restaurarla. Hagan aquello para lo que Jesús les ha dado poder.

La demora

Sin embargo, la idea de que la venida de Cristo se demora resulta ser dañina siempre, no importa de qué modo llegue uno esa idea, ya sea por estudiar la profecía o de algún otro modo. Las Escrituras dicen: *Pero si aquel siervo dice en su corazón: "Mi señor tardará en venir", y empieza a golpear a los criados y a las criadas, y a comer, a beber y a embriagarse, el señor de aquel siervo llegará un día, cuando él no lo espera y a una hora que no sabe, y lo azotará severamente, y le asignará un lugar con los incrédulos* (Lucas 12:45-46). Por eso, no nos hagamos a la idea de que el Señor demora Su venida y que no vendrá, o no puede venir ahora. Mucho mejor sería estar de puntillas por la expectativa, y más bien sentir desilusión al pensar que Él no vendrá ya mismo.

No deseo que nadie se sienta perturbado como para actuar como fanático o loco, como han hecho algunos cuando salieron al bosque vestidos con ropas de ascensión para ir directo hacia arriba, de repente. No caigamos en ninguna de esas ideas absurdas que hacen que la gente deje una silla vacía al sentarse a la mesa, poniendo un plato vacío porque podría venir el Señor a ocupar ese lugar. Tratemos de evitar toda otra tontería supersticiosa. Es un error quedarse boquiabierto mirando hacia arriba a causa de las profecías. Es mucho mejor seguir trabajando para nuestro Señor, disponiéndonos y disponiendo nuestro servicio para cuando Él aparezca, alegrándonos siempre con este pensamiento: "Mi Maestro podría venir mientras estoy trabajando. Antes de que sienta cansancio mi Maestro podría regresar. Mientras otros se burlan de mí, mi Maestro podría aparecer, y si se burlan o aplauden, no me importa. Vivo ante la mirada del gran Señor y cumplo con mi servicio sabiendo que Él me ve, esperando que eventualmente Él se revelará ante mí y entonces me revelará y revelará mi intención justa ante los que fraguaban engaños".

Que el Señor nos mantenga a la espera, trabajando, vigilantes, de modo que cuando El venga tengamos la bendición de poder entrar en un servicio más grande, superior, más noble del que podríamos cumplir ahora ¡y para el que nos preparamos mediante este servicio más modesto y arduo en este mundo! Que Dios les bendiga, amados, y si no conocen a mi Señor y por eso no están esperando Su aparición, recuerden que Él vendrá, ya sea que lo esperen o no. Y cuando venga tendrán que estar ante Su trono de juicio. Uno de los sucesos que seguirá a Su venida será el llamado ante Su trono de juicio, ¿y qué van a responderle entonces? ¿Cómo Le responderán si han negado Su amor, y han hecho oídos sordos a las invitaciones de Su misericordia? Si Le han dejado para más tarde, demorado, postergado y pospuesto ¿cómo Le responderán? Si no responden, su silencio les condenará y el Rey dirá: *"Átenle las manos y los pies, y échenlo a las tinieblas de afuera; allí será el llanto y el crujir de dientes"* (Mateo 22:13).

Quiera Dios que todos creamos en el Señor Jesús para la vida eterna, y luego esperemos Su aparición desde los cielos ¡por amor Suyo! Amén.

Acerca de los autores

Harriet Beecher Stowe (1811-1896)

Harriet Beecher Stowe fue una aclamada escritora y abolicionista estadounidense, reconocida por su profunda influencia en el movimiento contra la esclavitud. Nacida en Connecticut, fue la séptima de trece hijos de una familia cristiana. La firme crianza cristiana de Stowe moldeó su visión del mundo, inspirándole a usar sus dones literarios al servicio de Cristo. Su obra más significativa, *La Cabaña del Tío Tom* (1852) mostraba las atrocidades de la esclavitud, y dio lugar a una potente reacción en los Estados Unidos y otros países. Esta obra monumental es reconocida por haber promovido el sentimiento contra la esclavitud, solidificando el movimiento abolicionista y contribuyendo de manera fundamental al inicio de la Guerra Civil en EE.UU. La vida y obra de Stowe reflejan su inquebrantable compromiso con su fe y los oprimidos.

John Charles Ryle (1816-1900)

John Charles Ryle se graduó en Eton y Oxford y luego

inició su carrera en la política, pero debido a la falta de dinero ingresó como clérigo a la Iglesia Anglicana. Fue contemporáneo de Spurgeon, Moody, Müller y Taylor, y leyó a los grandes teólogos como Wesley, Bunyan, Knox, Calvino y Lutero. Todos ellos tuvieron influencia en el entendimiento y la teología de Ryle. Ryle inició su carrera como escritor con un tratado que siguió a la tragedia del puente suspendido de Great Yarmouth, donde se ahogaron más de cien personas. Se ganó la reputación de ser un predicador directo, un evangelizador. Viajaba, predicaba, y escribió más de 300 panfletos, tratados y libros, que incluyen *Meditaciones sobre los evangelios*, *Controversias evangélicas*, y *Líderes cristianos del siglo dieciocho*. Ryle utilizó las regalías de sus escritos para pagar las deudas de su padre, aunque también se sentía en deuda con esa ruina por cambiar el rumbo de su vida. El Primer Ministro Benjamin Disraeli lo recomendó para ser Obispo de Liverpool, donde terminó su carrera en 1900.

George Müller (1805-1898)

George Müller fue un evangelizador cristiano cuya fe definió la obra de su vida. Nacido en Prusia, una profunda transformación espiritual le llevó a dedicar su vida a servir a Dios. Se mudó a Inglaterra y fundó el Orfanato Ashley Down en Bristol, lugar en el que se brindaron cuidados a más de 10.000 huérfanos durante la vida de Müller. Su firme fe en la providencia de Dios guió sus acciones; jamás pidió donaciones públicas, sino que dependía únicamente de la oración para las necesidades del orfanato. Milagrosamente, éstas siempre se cubrían, lo cual evidenciaba el poder de la fe. La vida de Müller fue testimonio de los principios de la confianza en Dios y el servicio desinteresado, y su obra sigue inspirando a cristianos en todo el mundo.

Daniel Webster Whittle (1840-1901)

D.W. Whittle, veterano de la Guerra Civil, fue un evangelizador influyente y autor de himnos. Tras sufrir heridas graves en la guerra, Whittle conoció al Señor Jesucristo, que transformó su corazón y su vida y le llevó a la obra evangélica. Conocido por sus convincentes sermones, influyó en innumerable cantidad de vidas durante las reuniones de reavivamiento en Norteamérica y Gran Bretaña. Fue un prolífico autor de himnos, a menudo bajo el seudónimo de El Nathan. Sus himnos, como "Yo Sé A Quien He Creído" y "Oh alma mía a tu Señor" siguen inspirando a la adoración cristiana. La historia de vida de Whittle es testimonio del poder de la fe, la resiliencia, y el compromiso con la difusión del evangelio.

George C. Needham (1843-1902)

George C. Needham fue un devoto evangelizador y autor de origen irlandés-norteamericano, conocido por su ferviente compromiso con la predicación del evangelio del Señor Jesucristo. Nacido en Irlanda, fue llamado a seguir a Cristo a temprana edad y emigró a los EE.UU. para ser ministro. Su vida de ministerio se caracterizó por la evangelización apasionada, la escritura prolífica, y los muchos viajes recorriendo los EE.UU. y otros países, que resultaron en impacto para la eternidad en innumerable cantidad de personas. Conocido por su inclaudicable fe, Needham representó la vida cristiana dedicada al servicio y el amor a Dios. Sus obras influyentes, como *El glorioso evangelio*, siguen animando y presentando desafíos a los lectores de hoy, convirtiéndole en una figura significativa en la literatura religiosa.

Dwight L. Moody (1837-1899)

Dwight Lyman Moody fue un evangelizador, capellán y obrero cristiano estadounidense. Quien le llevó a Jesucristo fue su maestro de escuela dominical, Edward Kimball. Moody partió en su juventud con destino a Chicago y empezó a enseñar en su propia clase de escuela dominical. Para cuando tenía veintitrés años ya era un exitoso vendedor de calzado, que había ganado U$ 5.000 en tan solo ocho meses. Pero habiendo decidido seguir a Jesús dejó su carrera para trabajar como obrero cristiano por solo U$ 300 al año. Fue capellán durante la Guerra Civil, fundó escuelas para niños y niñas, y contribuyó a la fundación de la Sociedad Evangelizadora de Chicago (hoy, Instituto Bíblico Moody). Se calcula que durante su vida Moody recorrió más de un millón y medio de kilómetros, predicando a más de un millón de personas y tratando personalmente con más de setecientas cincuenta mil.

Charles H. Spurgeon (1834-1892)

Charles Haddon Spurgeon fue un predicador bautista inglés. Empezó a predicar cuando tenía dieciséis años, y pronto se hizo famoso. Se le sigue llamando "el príncipe de los predicadores" y con frecuencia acudían más de diez mil personas al Tabernáculo Metropolitano de Londres para oír a Spurgeon. Sus sermones se imprimieron en periódicos, se tradujeron a muchos idiomas, y se publicaron en muchos libros.

También Por Aneko Press

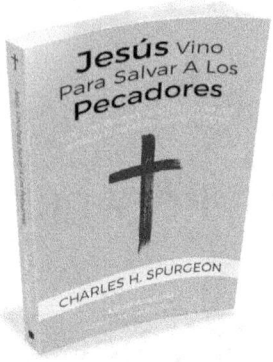

Jesús Vino Para Salvar a los Pecadores,
por Charles H. Spurgeon

Jesús vino a salvar a Pecadores es una conversación de corazón a corazón con el lector. A través de sus páginas, se examina y se trata debidamente cada excusa, cada razón y cada obstáculo para no aceptar a Cristo. Si crees que eres demasiado malo, o si tal vez eres realmente malo y pecas abiertamente o a puerta cerrada, descubrirás que la vida en Cristo también es para ti. Puedes rechazar el mensaje de salvación por la fe, o puedes elegir vivir una vida de pecado después de decir que profesas la fe en Cristo, pero no puedes cambiar la verdad de Dios tal como es, ni para ti ni para los demás. Este libro te lleva al punto de decisión, te corresponde a ti y a tu familia abrazar la verdad, reclamarla como propia y ser genuinamente liberado para ahora y para la eternidad. Ven, y abraza este regalo gratuito de Dios, y vive una vida victoriosa para Él.

Disponible donde se venden libros

La Vida Vencedora,
por Dwight L. Moody

Dwight L. Moody es un maestro en esto de desenterrar lo que nos perturba. Utiliza relatos y sentido del humor para sacar a la luz los principios esenciales de la vida cristiana exitosa. Nos muestra cada uno de los aspectos de la victoria desde un ángulo práctico y fácil de entender. La solución que Moody presenta para nuestros problemas no es la religión, ni las reglas, ni las correcciones externas. Más bien, nos lleva al corazón del asunto y prescribe remedios bíblicos, dados por Dios, para la vida de todo cristiano. Prepárate para vivir en auténtica victoria en el presente, y en el gozo para la eternidad.

Disponible donde se venden libros

Sembrar y Cosechar,
por Dwight L. Moody

No podemos alejarnos del principio de que cosecharemos lo que sembramos. Si sembramos buena semilla, anticipamos una gran cosecha. Pero si sembramos cizaña, no cosecharemos nada diferente de lo que sembramos. Lo mismo ocurre en el plano espiritual y en el práctico. Si queremos una recompensa en el cielo, debemos vivir para Cristo. Por otro lado, si mentimos, engañamos, juramos, robamos, nos emborrachamos, consumimos drogas o satisfacemos los deseos de la carne, la realidad es que pagaremos las consecuencias tanto ahora como en la eternidad. Por mucho que la sociedad intente convencernos de lo contrario, esta ley ha demostrado ser cierta sin fallar.

Disponible donde se venden libros

Siguiendo a Cristo,
por Charles H. Spurgeon

No puedes tener a Cristo si no le sirves. Si aceptas a Cristo, debes aceptarlo en todas sus cualidades. No debes aceptarlo simplemente como un amigo, sino que también debes aceptarlo como tu Maestro. Si vas a convertirte en Su discípulo, también debes convertirte en Su siervo. Que Dios no permita que nadie luche contra esta verdad. Servir a nuestro Señor es ciertamente una de nuestras mayores delicias en la tierra, y ésta será nuestra gozosa vocación incluso en el mismo cielo: *Sus siervos le servirán. Ellos verán su rostro* (Apocalipsis 22:3-4).

Disponible donde se venden libros